浸して
漬けて
「作りおき」

文化出版局

"浸して漬けて"が おいしい理由

1 調味液が料理の酸化を防ぐので、
おいしいまま冷蔵保存ができる。

2 浸っているから、肉はしっとり、
魚はくさみなく、さっぱりする。

3 かさが減って、うまみは増し、
野菜がたっぷりと食べられる。

4 バランスのよい食事で家族の健康を守る。
料理のアレンジも無限に広がる。

　平日は東京のスタジオで仕事、休日は実家の山梨で過ごすのが、私の生活スタイルです。父、妹家族と三世代が集うわが家の暮らしは、実にさまざま。みんなで一緒に食卓を囲むこともめっきり減りました。加えて、高齢の父、そして私にも減塩料理が必要になったことから、私の作りおき生活はスタートしたのです。

　東京にいるときも、山梨に帰ったときも、数種の作りおきをして、リストを冷蔵庫に貼っておきます。山梨に帰れないときは、便利な宅配便を利用することもあります。私も家族も作りおきがあることで、さっとバランスのよい食卓が調えられ、健康が維持できていると感じています。

　この本では「作りおきにするからおいしい」料理ばかりを集めました。酢や油などを効果的に使って料理の酸化を防いだり、焼いたり揚げたりすることで、コクをプラスしています。

　肉料理はぱさつくことなく、しっとりと味がしみて美味。魚料理は煮魚にしておくとくさみが気になりますが、焼いて漬けたり、味をからめたりすれば、さっぱりといただけます。そして野菜料理があれば、食卓が華やかになり、ビタミン、ミネラルも充分にとることができます。

　料理のアレンジが無限に広がるのも、作りおきの魅力です。食べるときにスパイスや香味野菜をプラスしたり、いろんなメニューにアレンジしたり。あなたならではのアイディアを、存分にお楽しみください。

今泉久美

時間がたっても
おいしい
作りおき保存のコツ

せっかく心を込めて作った料理だから、最後までおいしく食べきりたいものです。ちょっとした心配りをするだけで、おかずの「もち」や「味」にぐんと差が出ます。買ってきた食材は、新鮮なうちに調理しておくことも大事。

作りおきにおすすめの密閉容器、保存袋

漬け汁の多いおかずはほうろうやガラスなどの密閉容器、ピクルスなどは外からでもよく見える密閉瓶、少ない調味料であえるものはジッパーつきの保存袋がおすすめ。水気をよくふいた清潔なものを使うこと。必ず冷蔵室、またはチルド室で保存しましょう。

うまみをきかせた調味を

煮びたしなど和風のおかずには昆布とかつお節のだし汁、中国風なら鶏ガラスープのもと、洋風ならチキンコンソメを効果的に使ってうまみをアップ。時間をおくごとに味がしみ、奥行きが出ます。

[レンジだしのとり方]
耐熱ボウルに昆布（5×10cm）1枚、削りがつお20g、水1ℓを入れ、ラップをせずに電子レンジで9分30秒加熱する。あくを取って3分ほどおき、厚手のペーパータオルを敷いたざるでこす。冷蔵庫で2～3日もつ。

よく冷まして詰める
温かいおかずは、大きめのボウルやバットなどに移してよく冷ましてから詰めること。温かいままだと水滴がつき、熱がこもっていたみの原因に。取り分けたり、詰めたりするときは、雑菌が入らないように清潔なサーバーや菜箸を使うことも大切です。

保存袋は空気をしっかり抜く
保存袋に空気が残っていると、空気にふれた部分のおかずが酸化し、味が劣化してしまう原因に。袋の上からしっかりと押さえて空気を抜き、口をしっかりと閉じて。

汁に漬けて保存する
漬け汁や煮汁があるものは、汁ごと容器に入れて保存を。味が少しずつしみ、日もちもよくなります。汁が足りないときは、表面にラップをぴっちりと張ればOK。

食べる分だけを温める
温かくして食べたいおかずは、食べる分を容器に取り分け、ふんわりとラップをかぶせて電子レンジで加熱を。ほうろうの容器に入ったものは、ガスコンロのじか火にかけ、弱火で温めてもよいでしょう。

味が劣化するものは食べるときに加える
一緒に漬けるとくさみや苦みが気になる、スモークサーモンや柑橘系のフルーツは、食べるときに加えるようにしましょう。

飽きたらプラス1して味に変化を
「昨日と同じものを食べたくない」と思ったら、かつお節、とろろ昆布などを添えてうまみをさらにアップ。小口切りの香味野菜を散らしたり、葉野菜などを添えたりするのもおすすめです。

目次

2 〝浸して漬けて〟がおいしい理由
4 時間がたってもおいしい 作りおき保存のコツ

豚肉で

8 豚バラ肉のしょうゆ漬け
9 →豚バラ肉のグリル
8 焼き豚のはちみつみそ漬け
8 →焼き豚と長ねぎの盛合せ
10 豚肉とにんじんのカレーマリネ
10 →豚丼
11 厚揚げの豚肉巻き めんつゆ漬け
11 豚しゃぶのマリネ

鶏肉で

12 ゆでささ身
12 →ささ身と水菜のサラダ
12 →ささ身とクレソンののりあえ
13 ゆで鶏むね肉
13 →チキン、ルッコラ、チーズのサラダ
13 →鶏肉ときゅうりのピリ辛だれ
14 鶏肉チャーシュウ
14 →鶏肉チャーシュウと野菜の盛合せ
14 手羽中の揚げびたし
15 砂肝の中国風マリネ
15 →砂肝のマリネと野菜のいため物

牛肉で

16 牛肉の焼き肉マリネ
17 牛しゃぶのわさびマリネ
17 にんじんの牛肉巻き 南蛮漬け
18 牛すね肉のボイル
18 →牛すね肉と春菊の中国風サラダ
18 →牛肉、わかめ、卵のスープ
19 →牛すね肉と野菜の盛合せ

ひき肉で

20 酢豚風肉だんごの揚げびたし
20 蓮根バーグのめんつゆびたし
21 ハンバーグのトマトソース漬け

魚介で

23 サーモンマリネ
23 →サーモンとクリームチーズのサンドイッチ
23 焼き鮭の南蛮漬け
24 揚げわかさぎの甘酢じょうゆ
24 ぶりのみそびたし
25 いわしのタイムオイル漬け
25 →いわしのパスタ
26 まぐろのオイル漬け
26 →まぐろのオイルカナッペ
27 あじの梅漬け
27 さばと野菜のカレーマリネ
28 さわらとなすのしょうがじょうゆ
28 しめさばと蓮根のマリネ
29 かつおのレモン風味
29 →かつおと野菜のサラダ
30 鯛のごまゆずこしょう漬け
30 →鯛のゆずこしょう茶漬け
31 たらとたらこのしょうゆ漬け
31 めかじきのケイパーマリネ
32 ゆでえびのナンプラーマリネ
32 帆立とにんじんのパクチーマリネ
33 焼きえびのピリ辛ケチャップ
34 蒸しいかと豆もやしの中国風マリネ
34 いかと野菜のライム漬け
35 たこの酢漬け
35 →たこのカルパッチョ
35 →たこのラー油＋シークワーサーかけ

卵で

37 ゆで卵、ペコロス、セロリのカレーピクルス
37 →ポテトとピクルスのカレーサラダ
39 ゆで卵のウスターソース漬け
39 →卵とアボカドのマヨグラタン
39 ゆで卵のみそ甘麹漬け
39 半熟卵のめんつゆ漬け
39 →半熟卵丼

大豆製品で

- 40 栃尾揚げと小松菜の煮びたし
- 40 厚揚げ、まいたけ、さつまいもの煮びたし
- 41 がんもと大根の煮びたし
- 41 油揚げと水菜の煮びたし
- 42 大豆と根菜のしょうゆ漬け
- 42 →大豆と根菜の炊込みご飯
- 43 ミックスビーンズのカレードレッシング
- 43 →ミックスビーンズのラップサンド

野菜で

- 45 春夏ピクルス
- 45 秋冬ピクルス
- 46 山形風だし
- 46 ズッキーニとちくわのわさび漬け
- 46 みょうがの甘酢漬け
- 46 ミックストマトのだしびたし
- 47 きゅうりの香味昆布漬け
- 48 酢キャベツ
- 48 →酢キャベツとソーセージのソテー
- 48 トマトのキムチ漬け
- 49 いろいろ野菜のトマトジュース漬け
- 49 →そうめんカペッリーニ
- 49 冬瓜の煮びたし
- 52 いんげんの煮びたし
- 52 なすとじゃこの煮びたし
- 52 オクラのだしびたし
- 53 かぼちゃのしょうがびたし
- 53 →パンプキン豆乳スープ
- 53 金時草のさっぱりおひたし
- 56 夏野菜の揚げびたし
- 56 焼きアスパラの和風マリネ
- 57 なすの揚げびたし
- 57 パプリカのアンチョビーマリネ
- 57 万願寺とうがらしの焼きびたし
- 60 ほうれん草のおひたし
- 60 ビーツのオニオンドレッシング
- 60 ピーラー大根のシンプルマリネ
- 61 蓮根、しめじ、黄菊の甘酢漬け
- 61 長芋のわさび漬け
- 61 ブロッコリーのしょうがめんつゆ漬け
- 65 いためきのこのピリ辛めんつゆ
- 65 大根とじゃこの煮びたし
- 65 白菜と干しえびの煮びたし
- 66 焼きまいたけと春菊のだし漬け
- 66 ごぼうのごま酢みそ漬け
- 66 焼き蓮根の梅びたし
- 67 →蓮根としらすの梅ご飯
- 67 焼きねぎとエリンギの塩味マリネ
- 67 焼き大根とさつま揚げの煮びたし

海藻、乾物で

- 70 ひじきと枝豆のめんつゆマリネ
- 70 切り昆布と桜えびのいためびたし
- 71 いかにんじん
- 71 わかめとしめじの白だし漬け
- 74 ひたし豆
- 74 →青大豆としょうがの混ぜご飯
- 74 いり大豆のバルサミコ酢漬け
- 75 レンズ豆と鶏肉のマリネ
- 75 割干し大根と豚肉の煮びたし
- 75 高野豆腐と青菜の煮びたし
- 78 干ししいたけのにんにくオイル漬け
- 78 →しいたけとベーコンのパスタ
- 79 ドライトマトのオイル漬け
- 79 チーズのオイル漬け
- 79 →トマトチーズバゲット

本書の決り

- 材料に記した分量（g）は正味です。野菜は皮をむく、種を取るなど下ごしらえをしたあとの分量です。
- 塩は天然塩、砂糖は上白糖、酢は米酢を使用。
- 1カップは200ml、1合は180ml、大さじ1は15ml、小さじ1は5mlです。
- 調理をしたあとの熱い煮汁や漬け汁を移すときのボウルは、耐熱性のものを使ってください。
- 電子レンジは出力600Wを使用。加熱時間はお手持ちのもので調整してください。機種や気候により、多少異なります。
- 保存期間は目安です。ご家庭の保存状態で多少異なります。食べる前に必ず料理の状態を確認してください。
- 手に傷があるときやぐあいの悪いときは、作らないでください。

作ったあと、どのくらいで味がなじむかを表示。

密閉容器に入れ、冷蔵庫でどのくらいもつかを表示。

豚肉で

豚バラ肉のしょうゆ漬け

食べごろ 1日後〜
日もち 5〜6日

豚バラ肉を塊ごとゆでて、しょうゆに漬けるだけ。
一口食べると豚肉の濃厚なうまみが、じんわり広がります。
角切りにしてチャーハンにしても。

材料：作りやすい分量・4〜5人分

豚バラ肉（塊）… 400g
A 長ねぎ（青い部分）… 1本
　しょうが（皮つき・薄切り）
　　… 1/2かけ分
　酒 … 大さじ2
しょうゆ … 大さじ2

1. なべに豚肉、かぶるくらいの水（分量外）、Aを入れ、中火にかける。煮立ったらごく弱火にし、40〜50分煮る。
2. 豚肉を取り出して粗熱を取り、水気をふく。保存袋に入れてしょうゆを加え、袋の上からもんで冷ます。

豚肉はあくを取り、途中一度上下を返し、水を足しながらやわらかく煮る。

焼き豚のはちみつみそ漬け

食べごろ 1日後〜
日もち 6〜7日

はちみつの素朴な甘み、みそのうまみが豚肉にしっかりとしみています。
切って野菜といため、漬け汁で調味してもおいしい。

材料：作りやすい分量・8〜10人分

豚肩ロース肉（焼き豚用・ネットつき）
　… 400g
豚もも肉（焼き豚用・ネットつき）
　… 400g
A 塩 … 小さじ1
　粗びき黒こしょう … 少々
　オリーブ油 … 大さじ1
B みそ、はちみつ、酒
　… 各大さじ3〜4

1. 豚肉は水気をふき、Aを順にからめ、室温に10〜15分おく。オーブンを220℃に予熱する。
2. アルミホイルにしわを寄せて広げ、天板に敷く。1をのせ、220℃のオーブンで20分、140℃に落として60分ほど焼く。竹串を刺して透明な肉汁が出ればいい。取り出して粗熱を取る。
3. 保存袋にBを混ぜ、2を入れ、袋の上からもんで冷ます。

→ **焼き豚と長ねぎの盛合せ**

焼き豚を薄切りにし、せん切りの長ねぎと盛り合わせる。漬け汁を電子レンジで温めてかけ、豆板醤を添える。

→ 豚バラ肉のグリル

豚バラ肉のしょうゆ漬けを食べやすい大きさに縦に切ってグリルパン（またはフライパン）にのせ、漬け汁をまぶしながら両面を中火で焼く。切った赤大根、ホワイトセロリ、溶きがらしを添える。

豚肉とにんじんの
カレーマリネ

市販の焼き肉のたれにスパイシーな
カレー粉をきかせて、風味満点。
ほんのり甘くてカリッとした食感のにんじんが、
おいしいアクセント。

材料：作りやすい分量・4〜5人分
豚ロース肉（しょうが焼き用）…300g
にんじん…1本（150g）
A 塩…少々
　 酒…大さじ1
B 焼き肉のたれ（市販）…大さじ4
　 レモン汁…大さじ1〜1½
ごま油…大さじ1
カレー粉…小さじ½

食べごろ
作ってすぐ〜
日もち
4〜5日

1 豚肉は長さを半分に切り、Aをからめる。にんじんは皮をむき、4cm長さ、5mm角の棒状に切る。
2 ボウルにBを混ぜる。
3 フライパンにごま油大さじ½を中火で熱し、にんじんを入れてさっといため、2に漬ける。
4 フライパンにごま油大さじ½を強めの中火で熱し、豚肉を入れて両面を色よく焼く。カレー粉を加えて混ぜ、油をよくきって3に漬ける。冷まして密閉容器に入れる。

→ 豚丼

ご飯に漬け汁ごとのせてカレー風味の豚丼に。エンダイブなどの葉野菜を添えて彩りよく。

厚揚げの豚肉巻きめんつゆ漬け

厚揚げのうまみが加わり、おいしく、ボリュームのある一品に。こんがり焼いて余分な脂を落とし、さっぱりと仕上げます。

食べごろ 半日後〜
日もち 3〜4日

材料：作りやすい分量・3〜4人分
- 豚ロース肉（薄切り）…8〜10枚（160〜200g）
- 厚揚げ（絹揚げ）…1枚（250g）
- 長ねぎ（4cm長さの斜め切り）…1本分
- 塩、こしょう…各少々
- A めんつゆ（3倍濃縮タイプ）…大さじ3
-   水…90mℓ
- サラダ油…大さじ1
- 小麦粉…適量

1. 厚揚げは熱湯をかけて水気をきり、8〜10等分に切る。
2. 豚肉に1を等分にのせて巻き、塩、こしょうをふる。
3. 耐熱ボウルにAを入れ、電子レンジで1分30秒ほど加熱する。
4. フライパンにサラダ油を中火で熱し、2に薄く小麦粉をまぶしながら巻終りを下にして入れる。フライパンのあいているところに長ねぎを入れて上下を返し、ふたをして2〜3分焼く。ペーパータオルで油をふき、3に加える。冷まして密閉容器に入れる。

器に漬け汁ごと盛り、一味とうがらしをふる。

豚しゃぶのマリネ

すだちのしぼり汁入りのマリネ液に漬けて、さわやかな味に。脂肪の少ない豚もも肉や、肩ロース肉で作るのがおすすめです。

材料：作りやすい分量・4〜5人分
- 豚もも肉（しゃぶしゃぶ用）…300g
- 紫玉ねぎ（横に薄切り）…½個分
- みょうが（縦半分に切り、斜め薄切り）…3個分
- A しょうゆ…大さじ1½
-   オリーブ油、砂糖、すだちのしぼり汁…各大さじ1
-   塩…少々
- B 水…3カップ
-   酒…大さじ2
-   塩…小さじ1

食べごろ 10分後〜
日もち 3〜4日

1. ボウルにAを混ぜる。
2. なべにBを入れて強めの中火にかける。煮立ったら弱火にし、豚肉を入れてほぐしながらゆでる。色が変わったら取り出して水気をきる。
3. 2が熱いうちに1に加えて混ぜる。冷めたら紫玉ねぎ、みょうがを加えて混ぜ、密閉容器に入れる。

豚肉は水にとって冷ますとかたくなるので、注意。ざるにとって自然に水気をきること。

器に豚しゃぶのマリネ、すだちの薄い輪切りを盛り合わせる。

鶏肉で

食べごろ
作ってすぐ〜
日もち
3〜4日

ゆでささ身

さっぱり味でヘルシー。
どんな素材や味わいにもおいしくマッチします。
サラダやあえ物に飽きたら、
ピラフやピカタにしても。

材料：作りやすい分量・4〜5人分

鶏ささ身（筋を取る）…大6本（360g）
A 長ねぎ（青い部分）…1本
　しょうが（皮つき・薄切り）…½かけ分
　水…約2カップ
　酒…大さじ2
　塩…小さじ½

❶ なべにささ身、Aを入れ、強めの中火にかける。煮立ったらごく弱火にし、ふたをして5分ほどゆでる。
❷ 煮汁ごとボウルに取り出して冷まし、密閉容器に入れる。

煮立ったら、ていねいにあくをすくい、透明感のある煮汁に仕上げる。

→ ささ身と水菜のサラダ

[2人分] ❶ ゆでささ身2〜3本はほぐし、水菜50gは4cm長さ、長芋5cmはせん切りにして器に盛る。
❷ 梅肉、めんつゆ（3倍濃縮タイプ）、水、酢、オリーブ油各大さじ½、こしょう少々を混ぜ、❶にかける。

→ ささ身とクレソンののりあえ

[2人分] ❶ ゆでささ身2本はそぎ切りにする。クレソン1束(50g)は、葉を摘み、茎は細かく刻む。
❷ ボウルにぽん酢しょうゆ大さじ1、ゆずこしょう小さじ¼を混ぜ、❶を加えてあえる。器に盛り、ちぎった焼きのり適量を散らす。

食べごろ
作ってすぐ～
日もち
4～5日

ゆで鶏むね肉

しっとりとゆでるだけで、自家製チキンハムのでき上り。
身をサンドイッチにしたり、
ゆで汁をスープにしたりするのもおすすめ。

材料：作りやすい分量・5～6人分

鶏むね肉…大2枚 (500～600g)
A 赤とうがらし…1本
　粒さんしょう…少々
　水…3カップ
　酒…大さじ3
　塩…小さじ¾
B 長ねぎ (青い部分)…1本
　しょうが (皮つき・薄切り)…½かけ分
　水…5カップ
　酒…大さじ3

１ なべにAを入れて強めの中火にかけ、煮立ったらボウルに移して冷まし、さらに冷蔵庫で10分ほど冷やす。
２ 厚手のなべに鶏肉、Bを入れて強めの中火にかけ、煮立ったらあくを取り、上下を返す。ふたをしてごく弱火で15分ほどゆでる。
３ ２の汁気をきって１に漬けて冷まし、密閉容器に入れる。

しっかりと中まで火を通してから、スパイス入りの冷水に漬けて冷ますこと。

→ チキン、ルッコラ、チーズのサラダ

[2～3人分] **１** ゆで鶏むね肉½枚はほぐす。ロメインレタス6枚はちぎる。ルッコラ1束は食べやすく切る。パルメザンチーズ適量はピーラーでそぎ切る。合わせて器に盛る。
２ オリーブ油、レモン汁各大さじ2、粒マスタード小さじ1、塩小さじ⅓、粗びき黒こしょう少々を混ぜ、１にかける。

→ 鶏肉ときゅうりのピリ辛だれ

[2～3人分] **１** ゆで鶏むね肉1枚は5mm幅のそぎ切りにする。きゅうり2本はピーラーで薄く切り、水にさらして水気をふく。器にきゅうりを敷き、鶏肉をのせる。
２ にんにくのみじん切り少々、白練りごま、しょうゆ、砂糖各大さじ1⅓、ごま油大さじ1、豆板醤、ラー油各小さじ½、粉さんしょう、五香粉 (あれば) 各少々を混ぜ、１にかける。

食べごろ
作ってすぐ〜

日もち
5〜6日

鶏肉チャーシュウ

にんにく、しょうがを加えた甘辛味にしっかりと漬け込みました。
ごぼうや蓮根と一緒に煮て刻み、混ぜご飯にしてもいいでしょう。

材料：作りやすい分量・7〜8人分

鶏もも肉…3枚（750g）
A 塩…小さじ½
　黒酢（または酢）…大さじ2
B しょうが（皮なし・薄切り）
　　…1〜2かけ分
　にんにく（薄切り）…1かけ分
　しょうゆ、酒、砂糖
　　…各大さじ3〜4

1 鶏肉は余分な脂肪を取り、筋を切る。Aをふってからめ、皮目を下にしてくるくると巻き、たこ糸で縛る。
2 厚手のなべに1とひたひたの水（分量外）、Bを入れて強めの中火にかける。あくを取って弱火にし、ふたをして15分ほど煮る。途中一度上下を返す。温かいうちに食べてもいい。冷まして密閉容器に入れる。

酢で下味をつけ、くさみを消して、うまみをアップさせる。

端からきつめに巻き、たこ糸で縛って形を整える。

→ **鶏肉シャーシュウと野菜の盛合せ**

鶏肉チャーシュウを食べやすく切って器に盛り、パクチー、長ねぎのせん切り、練りがらしを添える。煮汁½カップをなべに入れて温め、水溶きかたくり粉適量を加えて煮立て、鶏肉にかける。

手羽中の揚げびたし

香ばしく揚げた手羽中に、
甘酸っぱいしっかり味がしみています。
ししとうの代りに、ピーマン、
なす、オクラを使っても。

材料：作りやすい分量・5〜6人分

鶏手羽中…16本（骨つきで800g）
ししとう…20本
A しょうゆ…大さじ3
　酢…大さじ2
　砂糖…大さじ1
　水*…大さじ2〜3
揚げ油…適量
*一度煮立てて冷ましたもの。

1 手羽中は、皮とは逆側に骨にそって1本切り目を入れる。ししとうは、包丁の刃先を刺して穴をあける。
2 ボウルにAを混ぜる。
3 揚げ油を170℃に熱して手羽中を入れ、返しながら7〜8分揚げ、油をきって2に漬ける。ししとうはさっと揚げ、油をきって2に漬ける。冷まして密閉容器に入れる。

食べごろ
10分後〜

日もち
5〜6日

器に手羽中の揚げびたしを盛り、白いりごま、粗びき黒こしょうをふる。

材料：作りやすい分量・4〜5人分

砂肝…300g
A 酒…大さじ3
　塩…小さじ1弱
B 長ねぎ（みじん切り）…20cm分
　しょうが（みじん切り）…1かけ分
　粒さんしょう*、塩…各小さじ½
　ごま油…大さじ3
　レモン汁…大さじ2
　しょうゆ、粗びき黒こしょう
　　…各少々

＊香りが立つまで弱火でいる。

食べごろ
10分後〜

日もち
4〜5日

砂肝の中国風マリネ

たっぷりの香味野菜と中国スパイスに漬けて、
ぐっと奥深いおいしさに。こりこりとした砂肝の食感も魅力です。

1 砂肝は筋を取り、格子状に切り目を入れる。
2 なべに1、かぶるくらいの水（分量外）、Aを入れ、強めの中火にかける。煮立ったらあくを取り、ごく弱火で3分ほどゆでる。ざるに上げて冷ます。
3 ボウルにBを混ぜ、砂肝を加えて混ぜ、密閉容器に入れる。

筋は、包丁でそぎ取るようにするとスムーズ。口当りがよくなり、食べやすい。

漬け汁を砂肝にからめ、器に盛る。おつまみに最適。

→ 砂肝のマリネと野菜の いため物

[2人分] フライパンを中火で熱し、砂肝の中国風マリネを汁ごと100g、もやし100g、4cm長さのにら50gを順に加えていためる。塩少々で調味する。味の変化を楽しみたいときに。

牛肉で

牛肉の焼き肉マリネ

すりおろしたりんごと玉ねぎをたっぷりと使った手作りのたれに、
牛肉をおいしく漬け込みました。白いご飯にのせて焼き肉丼にしても。

食べごろ
10分後～

日もち
3～4日

材料：作りやすい分量・4～5人分
牛赤身肉 (焼き肉用) … 250～300g
パプリカ (黄) … 1個 (120g)
玉ねぎ … ½個 (100g)
A りんご (皮をむいてすりおろし)、
　玉ねぎ (すりおろし)、しょうゆ
　　… 各大さじ2
　白すりごま、サラダ油
　　… 各大さじ1
　はちみつ、酢 … 各大さじ½
　おろししょうが、
　　おろしにんにく … 各少々
B 塩、粗びき黒こしょう … 各少々
サラダ油 … 大さじ1

1 パプリカは縦半分に切り、横に1cm幅に切る。玉ねぎは横に1cm幅に切る。
2 耐熱ボウルにAを混ぜ、電子レンジで30秒ほど加熱する。
3 牛肉はBをふる。フライパンにサラダ油を強めの中火で熱し、牛肉を入れて両面を色よく焼く。油をふき、2に漬ける。
4 別の耐熱ボウルに1を入れ、ふんわりとラップをかぶせて電子レンジで3分ほど加熱する。水気をふき、3に漬ける。冷まして密閉容器に入れる。

材料：作りやすい分量・約4人分

牛赤身肉（しゃぶしゃぶ用）
　…250〜300g
葉わさび（4cm長さ）…1束分（50g）
生わさび（せん切り）…20g
A めんつゆ（3倍濃縮タイプ）…大さじ3
　オリーブ油…大さじ1½
B 水…3カップ
　酒…大さじ2
　塩…小さじ1

食べごろ　半日後〜
日もち　3〜4日

牛しゃぶのわさびマリネ

葉わさびと生わさびの香り、ほろ苦さが牛肉の持ち味をぐっと引き立てます。
葉わさびの代りにクレソンを使ってもおいしい。

1 ボウルにAを混ぜる。
2 なべにBを入れて強めの中火にかけ、煮立ったら弱火にして牛肉を1枚ずつ入れてゆでる。色が変わったらざるに上げて水気をきる。
3 2が熱いうちに1に漬けて冷ます。
4 葉わさびはざるに広げて熱湯を回しかけ、冷まして水気をふく。
5 3に4、生わさびを加えて混ぜ、密閉容器に入れる。

にんじんの牛肉巻き南蛮漬け

食べごろ　作ってすぐ〜
日もち　3〜4日

酸味のきいた漬け汁に浸して、
にんじんの甘みを際立たせます。
青じそで巻くと豊かな香りが加わり、
一味違うおいしさに。

材料：作りやすい分量・約4人分

牛赤身肉（薄切り）…小12枚（300g）
にんじん（斜め薄切りにしてせん切り）
　…小2本分（200g）
A しょうゆ…大さじ2
　酢…大さじ1⅓
　砂糖…小さじ2
　一味とうがらし…少々
サラダ油…大さじ1
B 小麦粉、かたくり粉…各大さじ1

1 牛肉ににんじんを等分にのせ、くるくると巻く。
2 バットにAを混ぜる。
3 フライパンにサラダ油を中火で熱し、1にBをまぶしてから巻終りを下にして入れる。全体に焼き色をつけ、ふたをして弱めの中火で2分ほど焼く。ふたを取って上下を返し、さっと焼く。
4 3の油をきり、2に10分ほど漬ける。冷まして密閉容器に入れる。

全体にまんべんなく味がつくように、ときどき上下を返して。

青じそを巻いて器に盛り、一味とうがらしをふる。漬け汁適量をかける。

食べごろ
作ってすぐ〜
日もち
4〜5日

牛すね肉のボイル

なべに牛肉、水を入れて火にかけたら、あとはコンロにおまかせ。
驚くほど極上のゆで肉に仕上がります。
いろんな食べ方にチャレンジを。

竹串を中心まで刺して、赤い汁が出てこなければゆで上り。

材料：作りやすい分量・8〜10人分
牛すね肉（塊）…800g
A パセリの軸、セロリの葉…各2本
　 長ねぎ（青い部分）…1本
　 しょうが（皮つき・薄切り）…½かけ分
　 塩…小さじ1
　 黒粒こしょう…5〜6粒

1 牛肉は室温に出して20分ほどおく。なべに牛肉、かぶるくらいの水（分量外）、Aを入れ、強めの中火にかける。煮立ったらあくを取り、ごく弱火にして1時間30分ほどゆでる。途中、ときどきあくと脂を取る。

2 竹串を刺してすっと通るくらいになったら火を止め、粗熱を取る。牛肉を取り出して縦半分に切り、なべに戻して冷ます。密閉容器に牛肉を入れ、煮汁をこして加える。

➜ 牛すね肉と春菊の中国風サラダ

[2〜3人分] **1** 牛すね肉のボイル100gは一口大に切る。春菊1束（100g）は葉を摘む。レタス3枚はちぎる。長ねぎ10cmは薄い斜め切りにする。合わせて器に盛る。
2 しょうゆ大さじ1、酢小さじ2、ごま油、砂糖各小さじ1、こしょう少々を混ぜ、**1**にかける。

➜ 牛肉、わかめ、卵のスープ

[2人分] **1** 牛すね肉のボイル100gは一口大にほぐす。
2 わかめ（塩蔵）10gは水につけてもどし、3cm長さに切る。
3 なべにごま油大さじ½を中火で熱し、コチュジャンだれ（右ページ参照）大さじ1、**1**をさっといため、牛すね肉のボイルの煮汁1½カップ、酒大さじ1、こしょう、しょうゆ、塩各少々を加える。
4 煮立ったら**2**、2cm幅の白菜キムチ30g分、3cm長さの万能ねぎ2〜3本分、とき卵1個分を加えてさっと煮る。

→ 牛すね肉と野菜の盛合せ

牛すね肉のボイルは食べやすく切り、サンチュ、えごまと春菊の葉を添える。野菜に巻いて食べる。コチュジャンだれ適量を添える。

コチュジャンだれ（作りやすい分量）長ねぎのみじん切り10cm分、コチュジャン大さじ2、みそ、ごま油各大さじ1、白いりごま、しょうゆ各大さじ½、おろしにんにく、粉とうがらし各少々を混ぜる。密閉容器に入れ、冷蔵庫で約1週間保存可能。

ひき肉で

蓮根バーグのめんつゆびたし

食べごろ 作ってすぐ〜
日もち 4〜5日

粗くみじん切りにした蓮根をたっぷりと加えて、おいしい歯ごたえに。切った蓮根は水にさらさずに使うのが、ポイントです。

材料：作りやすい分量・約5人分
- 合いびき肉（赤身）… 300g
- 蓮根（粗みじん切り）… 小1節分（150g）
- 長ねぎ（みじん切り）… ½本分
- A 水 … 1½カップ
  - 酒、めんつゆ（3倍濃縮タイプ）… 各大さじ3
  - 塩 … 少々
- B とき卵 … 1個分
  - 牛乳 … 大さじ2
  - かたくり粉 … 小さじ2
  - 塩 … 小さじ⅓
  - こしょう … 少々
- サラダ油 … 大さじ1
- 酒 … 大さじ1

食べごろ 作ってすぐ〜
日もち 5〜6日

酢豚風肉だんごの揚げびたし

豚ひき肉、鶏ひき肉をミックスして、やわらかでワンランク上のおいしさに。厚揚げを一緒に揚げて漬けるのも、おすすめです。

材料：作りやすい分量・4〜5人分
- 豚ひき肉、鶏ひき肉 … 各150g
- ピーマン … 小3個（80g）
- にんじん … ½本（80g）
- 玉ねぎ … 小½個（80g）
- A だし汁 … 2カップ
  - うす口しょうゆ、みりん、酒 … 各大さじ2
  - 砂糖 … 小さじ1
  - 塩 … 少々
- B しょうが汁 … 1かけ分
  - 水 … 大さじ2
  - みりん … 大さじ1
  - みそ … 小さじ2
  - かたくり粉 … 大さじ½
- 揚げ油 … 適量

1. ピーマンは縦4等分に切り、斜め半分に切る。にんじんは皮をむき、斜め切りにして縦に3mm幅に切る。玉ねぎは1.5×3cm四方に切る。
2. なべにAを混ぜ、強めの中火にかける。煮立ったらボウルに移す。
3. 別のボウルにひき肉2種、Bを入れてよく混ぜる。
4. 揚げ油を170℃に熱し、1を入れてさっと揚げる。油をよくきり、2に漬ける。
5. 揚げ油を160℃に熱し、一口大にまとめた3を入れて5分揚げる。油をふいて4に漬ける。温かいうちに食べてもいい。冷まして密閉容器に入れる。

揚げ油は、肉だんごが浸るほどの量があればOK。

温め、器に盛る。なべに漬け汁1カップ、かたくり粉大さじ½を入れて混ぜながら中火で煮、とろみがついたらかける。レモンをしぼって食べる。

1 なべにAを混ぜ、強めの中火にかける。煮立ったらボウルに移す。
2 別のボウルにひき肉、Bを混ぜ、蓮根、長ねぎを加えてさらに混ぜる。10等分の平たい円形にまとめる。
3 フライパンにサラダ油を中火で熱し、2を入れて4分、返して2分焼く。酒をふって弱火にし、ふたをして5〜6分蒸焼きにする。
4 3の油をふいて1に漬ける。冷まして密閉容器に入れる。

器に漬け汁ごと盛り、万能ねぎの小口切りを散らす。大根おろしを加えても。

ハンバーグのトマトソース漬け

食べごろ 作ってすぐ〜
日もち 4〜5日

トマトのさっぱりとした酸味が魅力。チーズをふってグラタン、太めのパスタにからめて食べても、絶品です。

材料：作りやすい分量・4〜5人分

- 豚ひき肉…300g
- 玉ねぎ（みじん切り）…½個分（100g）
- ズッキーニ（四つ割りにして5mm幅）…½本分（100g）
- マッシュルーム（四つ割り）…100g
- A にんにく（みじん切り）…1かけ分
  - オリーブ油…大さじ2
- B トマトの水煮（カットタイプ）…1缶（400g）
  - 塩…小さじ½
- C とき卵…1個分
  - 牛乳…大さじ2
  - かたくり粉…大さじ½
  - 塩…小さじ½
  - 粗びき黒こしょう…少々
- オリーブ油…大さじ1½
- D 塩…小さじ¼
  - 粗びき黒こしょう…少々
- 酒…大さじ1

1 耐熱ボウルに玉ねぎを入れ、ふんわりとラップをかぶせて電子レンジで3分ほど加熱し、冷ます。
2 フライパンにAを入れて弱めの中火でさっといため、Bを加える。煮立ったら、1とは別の耐熱ボウルに移す。
3 大きめのボウルにひき肉、C、1を混ぜ、一口大にまとめる。
4 フライパンにオリーブ油大さじ½を中火で熱し、ズッキーニ、マッシュルームを入れてさっといため、Dをふって2に漬ける。
5 フライパンにオリーブ油大さじ1を中火で熱し、3を入れて両面を焼き、酒をふって4分ほど蒸焼きにする。火が通ったら、油をふいて4に漬ける。冷まして密閉容器に入れる。

ハンバーグが熱いうちに漬け汁に加え、味をしっかりとなじませる。

器にハンバーグを盛って漬け汁をたっぷりとかけ、粉チーズをふる。スライスしたバゲットを添えて。

魚介で

サーモンマリネ

食べごろ 2〜4時間後
日もち 2〜3日

王道のごちそうオードブル。ディルの香り、レモンの酸味をサーモンにしっかりと移して上品な味わいに仕上げ、薄く切っていただきます。

材料：作りやすい分量・約6人分

- サーモン（刺身用の新鮮なもの・さく）… 2切れ（400g）
- ディル … 2本
- 玉ねぎ（横に薄切り）… ½個分（100g）
- レモン（国産・皮をむいて薄い輪切り）… 1個分
- 酒 … 大さじ2
- A 塩、砂糖 … 各小さじ1強
- 塩 … 少々
- オリーブ油 … 大さじ4

1 サーモンは酒をからめて水気をふき、混ぜたAを全体にまぶす。ディルを貼りつけ、ラップでぴっちりと包んで冷蔵庫に6〜12時間おく。

2 **1**の水気をふいて密閉容器に入れ、玉ねぎ、レモン、塩を加えてオリーブ油を注ぐ。

サーモンに塩と砂糖をまぶし、ディルを貼って時間をおき、うまみをギュッと閉じ込める。

→ サーモンとクリームチーズのサンドイッチ

[1人分] **1** 好みのパン2枚をグリルパン（またはオーブントースター）で焼く。
2 **1**の片面にクリームチーズ大さじ2をぬり、サーモンマリネの薄切り3枚、玉ねぎ、ディル各少々をのせる。

焼き鮭の南蛮漬け

食べごろ 20分後〜
日もち 3〜4日

やわらかな酸味、ほどよい甘み、だしのうまみがきいた一品です。小あじ、めかじきなどで作ってもおいしい。

材料：作りやすい分量・約4人分

- 生鮭（切り身・半分に切る）… 4切れ
- 万願寺とうがらし（赤・斜め半分）* … 4本分
- A 酢、だし汁 … 各大さじ4
-   しょうゆ、砂糖 … 各大さじ2
- 酒 … 大さじ2〜3
- サラダ油 … 大さじ1½
- 塩 … 少々
- 小麦粉 … 適量

*ししとう8本、ピーマン4個に代えてもいい。

1 耐熱ボウルにAを混ぜて電子レンジで1分ほど加熱し、粗熱を取る。
2 鮭に酒をからめ、水気をふく。
3 フライパンにサラダ油大さじ½を中火で熱し、万願寺とうがらしを入れ、ふたをしてしんなりとするまで焼く。取り出して**1**に漬ける。
4 **2**に塩をふって小麦粉をまぶす。フライパンにサラダ油大さじ1を中火で熱し、鮭を入れて両面を色よく焼き、油をふいて**3**に漬ける。冷まして密閉容器に入れる。

鮭は小麦粉をまぶしつけ、両面がこんがりとするまで焼く。

食べごろ 作ってすぐ～
日もち 4～5日

揚げわかさぎの甘酢じょうゆ

すだちはしぼり汁を漬け汁に使い、
食べるときに輪切りを加えると苦みがやわらぎます。
香ばしく揚げたわかさぎとの相性を楽しみましょう。

材料：作りやすい分量・4～5人分

- わかさぎ…250g
- 玉ねぎ（横に薄切り）…½個分（100g）
- A だし汁…大さじ3
  - うす口しょうゆ、砂糖
  　…各大さじ1強
  - 酢…大さじ2
  - すだちのしぼり汁…大さじ1
- 揚げ油（あればオリーブ油）…適量
- 小麦粉…適量

1 わかさぎは塩大さじ½（分量外）をからめて洗い、水気をふく。
2 ボウルにAを混ぜ、玉ねぎを漬ける。
3 揚げ油を170℃に熱し、わかさぎに小麦粉を薄くまぶしながら入れる。カリッとするまで3～4分揚げ、油をよくきって**2**に漬ける。冷まして密閉容器に入れる。途中、何度か上下を返す。

食べごろ 半日後～
日もち 4～5日

ぶりのみそびたし

濃厚なぶりをだしをきかせたみそ味に漬けて、
さっぱりとした口当たりに。
白いご飯にぴったりのおかずです。

材料：作りやすい分量・約4人分

- ぶり（切り身）…4切れ（400g）
- 長ねぎ（細かい切り目を入れて3cm長さ）
  　…1～1½本分
- A だし汁…1½カップ
  - みそ…大さじ2
  - みりん…大さじ2
  - ゆずこしょう…小さじ1
- オリーブ油…大さじ1
- 酒…大さじ4
- 塩…小さじ½
- 小麦粉…適量

ぶりに酒をふり、くさみを取っておいしさをアップさせる。

器に漬け汁ごと盛り、すだちの薄い輪切りをのせる。

1. なべにAを混ぜて強めの中火にかけ、煮立ったらボウルに移して粗熱を取る。
2. フライパンにオリーブ油大さじ½を中火で熱して長ねぎを入れる。ふたをして薄い焼き色がつくまで焼き、1に漬ける。
3. ぶりは酒をからめて汁気をふき、塩をふって小麦粉をまぶす。
4. フライパンにオリーブ油大さじ½を弱めの中火で熱し、3を入れて両面を色よく焼く。油をふき、2に漬ける。冷まして密閉容器に入れる。

いわしの
タイムオイル漬け

食べごろ
半日後〜

日もち
7〜8日

タイムの香り、オイルのうまみを
いわしに閉じ込めました。
大根おろしをのせて
ぽん酢しょうゆをかけた和風味もおいしい。

材料：作りやすい分量・3〜4人分
いわし（うろこ、頭、内臓を取る）
　…大4尾分（300g）
塩…小さじ1
A セロリの葉、茎、タイム（ドライ）
　　…各少々
　酒、水…各大さじ2
　酢…大さじ1
B サラダ油、オリーブ油
　　…各大さじ2〜3

1. いわしは長さを半分に切って血合いを洗い、水気をふく。塩水（分量外・塩小さじ3＋水3カップ）に15分つけ、水気をふく。
2. フライパンに1を並べ、塩をふって5分おく。Aを加えて中火にかけ、煮立ったらふたをして弱めの中火にし、10分ほど蒸し煮にする。
3. 2のいわしの汁気をきって冷まし、密閉容器に入れてBを注ぐ。

→ いわしのパスタ

[2人分] 1. スパゲッティ150gは塩適量を入れた湯でゆで、かるく水気をきる。ゆで汁少々をとっておく。
2. フライパンににんにくのみじん切り1かけ分、漬け汁（またはオリーブ油）大さじ2を弱火でいため、赤とうがらしの小口切り少々、ほぐしたいわしのタイムオイル漬け（尾に近い部分）4切れ分、1のスパゲッティとゆで汁を加えて混ぜ、しょうゆ少々をふる。
3. 器に2を盛り、パセリの粗みじん切りをふってレモンをしぼる。

まぐろのオイル漬け

お手製のツナは、味も風味も格別。
パスタにからめたり、
サラダにトッピングしたり。
めかじきやかつおでもおいしく作れます。

材料：作りやすい分量・5～6人分
まぐろ（刺身）…2さく*（300g）
A 玉ねぎ（縦に薄切り）…¼個分
  タイム…2本
  水…3カップ
  白ワイン…¼カップ
  チキンコンソメ（固形）…1個
  塩…小さじ1
  こしょう…少々
B オリーブ油、サラダ油
  …各大さじ2

＊ぶつ切りを使ってもいい。

食べごろ 1日後～
日もち 7～10日

あくをていねいに取りながら、まぐろをやわらかくなるまで煮て。

1 まぐろは3cm角に切り、塩水（分量外・塩小さじ3＋水3カップ）に30分ほどつけ、水気をふく。
2 なべにAを入れて強めの中火にかける。煮立ったら1を入れ、あくを取りながら弱火で10分ほど煮る。ゆで汁は厚手のペーパータオルを敷いたざるでこし、冷ます。
3 密閉容器にまぐろを入れ、ゆで汁約1カップ、Bを加え、かぶるくらいに漬ける。

→ まぐろのオイルカナッペ

[3～4人分] 1 バゲット7～8cmは薄切りにする。
2 1にまぐろのオイル漬け80～100g、ミニトマトの半割り2個分、オリーブ（黒）の薄切り、スプラウト各適量を盛り、オリーブ油、粗びき黒こしょう各適量をふる。

あじの梅漬け

食べごろ　作ってすぐ〜
日もち　4〜5日

おろしたあじをフライパンでこんがり焼いて漬けるので、梅の味がしっかりとなじみます。疲れたときや、食欲がないときにも。

材料：作りやすい分量・約4人分
- あじ（三枚おろし・半分に切る）…大2尾分（260〜280g）
- 梅干し…大1個
- 生しいたけ（石づきを取って四つ割り）…大4枚分
- A　水…1カップ
　　白だし、酒…各大さじ2
　　塩…小さじ⅓
- サラダ油…大さじ1½

1. なべに梅干しをつぶして種ごと入れ、Aを加えて強めの中火にかける。煮立ったらボウルに移し、粗熱を取る（酸味が足りないときは酢少々、味が薄いときは塩少々を足す）。
2. フライパンにサラダ油大さじ½を中火で熱し、しいたけを入れる。ふたをして2〜3分焼き、1に漬ける。
3. フライパンにサラダ油大さじ1を中火で熱し、あじを入れて両面を色よく焼く。油をふき、2に漬ける。冷まして密閉容器に入れる。

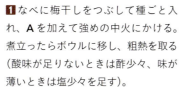

さばと野菜のカレーマリネ

食べごろ　作ってすぐ〜
日もち　3〜4日

カレー粉のスパイシーな香りがきいて、風味満点。オリーブの代りにケイパーや粗く刻んだピクルスを使ってもOKです。

材料：作りやすい分量・約4人分
- さば（切り身）…1尾分（320g）
- パプリカ（黄・縦半分に切って斜め薄切り）…½個分（60g）
- 玉ねぎ（横に薄切り）…½個分（100g）
- オリーブ（黒・5mm幅に切る）…15g
- A　酢…大さじ4
　　サラダ油…大さじ2
　　みりん…大さじ1
　　カレー粉、塩…各小さじ1
- 酒…大さじ3
- 小麦粉…適量
- サラダ油…大さじ1

1. ボウルにAを混ぜ、玉ねぎを漬ける。
2. さばは2cm幅のそぎ切りにし、酒をからめて水気をふき、小麦粉をまぶす。
3. フライパンにサラダ油を中火で熱し、2を入れて両面を色よく焼く。油をふいて1に漬け、10分おく。
4. パプリカは耐熱皿にのせ、ラップをふんわりとかぶせて電子レンジで50秒ほど加熱し、水気をふく。
5. 3に4、オリーブを加えて冷まし、密閉容器に入れる。

さわらとなすの しょうがじょうゆ

食べごろ 作ってすぐ～
日もち 4～5日

さわらのうまみがなすにじっくりとしみて、美味。
なすの代りに塩ゆでにした菜の花や、
ゆでたけのこを使っても。

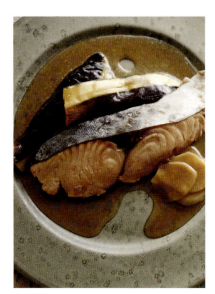

材料：作りやすい分量・約4人分
さわら（切り身）…4切れ（320g）
なす…4本（320g）
酒…大さじ2
A しょうが（皮なし・薄切り）…2かけ分
　だし汁…2½カップ
　うす口しょうゆ、みりん、酒
　　…各大さじ2½～3

1 さわらは酒をからめ、水気をふく。
2 なすはへたを取り、皮をところどころむいて縦半分に切り、塩水（分量外・塩少々＋水2カップ）に10分ほどつける。
3 フライパン（または浅いなべ）にAを混ぜ、強めの中火にかける。煮立ったら1を入れ、クッキングシートの落しぶたをして弱火で10分ほど煮る。
4 耐熱皿になすの半量を並べ、ふんわりとラップをかぶせて電子レンジで3分ほど加熱する。残りのなすは同様に2分40秒ほど加熱する。
5 4の水気をきって3に加え、同様に落しぶたをしてさらに5分ほど煮、バットに移す。冷まして密閉容器に入れる。

しめさばと蓮根のマリネ

食べごろ 2時間後～
日もち 3～4日

市販のしめさばで作る、手早い豪華なおもてなしおかず。
しめさばのうまみ、蓮根のおいしい歯ごたえが絶妙のハーモニー。

材料：作りやすい分量・2～3人分
しめさば（市販）…½尾分（160g）
蓮根（3～5mm幅の半月切り）
　…小1節分（150g）
A 好みの柑橘*のしぼり汁
　　…大さじ3
　オリーブ油…大さじ1
　うす口しょうゆ、みりん
　　…各小さじ2
　こしょう…少々
*ゆず、レモン、すだちなど。

1 しめさばはあれば薄皮を取り、1.5cm幅のそぎ切りにする。
2 ボウルにAを混ぜる。
3 蓮根は酢少々（分量外）を加えた熱湯で2分ほどゆで、水気をきる。熱いうちに2に漬けて冷ます。しめさばを加えて混ぜ、密閉容器に入れる。

器に盛り、せん切りの長ねぎをのせる。

食べごろ
6時間後〜
日もち
5〜6日

かつおのレモン風味

かつおは塩水につけてうまみを閉じ込めてから、フライパンで蒸し煮に。淡泊な味わいなので、どんな素材ともマッチします。

材料：作りやすい分量・4〜5人分
- かつお…1節（350〜400g）
- 国産レモン…⅔個
- A 塩…小さじ½
  - 粗びき黒こしょう…少々
- B ローリエ…1枚
  - 白ワイン、水…各½カップ
- C 塩…小さじ½
  - オリーブ油、サラダ油…各大さじ2

煮立ったらふたをして中までじっくりと火を通す。

1. かつおは塩水（分量外・塩小さじ3＋水3カップ）に30分ほどつける。水気をふいてAをまぶす。
2. フライパンに1、Bを入れ、強めの中火にかける。煮立ったらふたをして弱火で15〜20分蒸し煮にする。バットに蒸し汁ごと取り出して冷ます。
3. ボウルにCを入れ、2の蒸し汁大さじ3、レモンをしぼって加える。レモンは5〜7mm幅の輪切りにする。
4. 密閉容器（または保存袋）に2、3を入れる。

食べやすく切って器に盛り、みょうがのせん切り、万能ねぎを添えてオリーブ油、ぽん酢しょうゆ各適量をかける。

➜ かつおと野菜のサラダ

[2人分] 1. かつおのレモン風味100gは5mm幅に切る。
2. パプリカ（赤）、玉ねぎ各¼個はせん切りにしてさっと洗い、水気をきる。
3. 1、2を合わせて盛り、レモン、漬け汁各適量をかける。

鯛のごまゆずこしょう漬け

食べごろ
1時間後〜

日もち
2〜3日

ゆずこしょうとすりごまの豊かな香りが、甘い鯛の持ち味をアップ。
鯛は新鮮なものを選び、おいしいうちに食べきりましょう。

材料：作りやすい分量・4〜5人分
鯛（刺身用・さく）…2さく（300g）
酒…大さじ2
A ゆずこしょう…小さじ½
　白すりごま…大さじ2
　うす口しょうゆ…大さじ1〜1½
　みりん…大さじ½
　砂糖…少々

1 鯛は酒をからめ、汁気をふいて3mm幅のそぎ切りにする。
2 ボウルにAを混ぜ、1を加えて混ぜ、密閉容器に入れる。

➡ 鯛のゆずこしょう茶漬け

[1人分] 1 器に温かいご飯をかるく茶碗1膳分（120g）盛り、鯛のごまゆずこしょう漬け3〜4切れをのせる。
2 なべにだし汁1カップ、酒大さじ½、塩、うす口しょうゆ各少々を入れ、中火にかける。煮立ったら1にかけ、もみのり少々をのせる。

器に切ったわさび菜などの葉野菜を敷き、鯛のごまゆずこしょう漬けを盛る。

たらときのこのしょうゆ漬け

食べごろ 30分後〜
日もち 2〜3日

たらはかたくり粉をまぶしてこんがりと焼き、漬け込んで。ふっくらと香ばしくなり、味もしっかりとしみ込みます。

材料：作りやすい分量・約4人分

- たら（切り身・半分に切る）…4切れ分（320g）
- えのきだけ（根元を切る）…大½袋分（80g）
- しめじ（石づきを切る）…大½パック分（80g）
- A おろししょうが…1かけ分
  - しょうゆ、みりん、酒…各大さじ1½
  - 酢…大さじ½
- 酒…大さじ4
- B 塩…小さじ⅓
  - こしょう…少々
- かたくり粉…適量
- ごま油…大さじ1½〜2

1. 耐熱ボウルにAを混ぜ、電子レンジで1分ほど加熱し、粗熱を取る。
2. たらは酒をからめ、水気をふく。Bをふってかたくり粉を薄くまぶす。
3. フライパンにごま油を中火で熱し、2を入れ、まわりにほぐしたえのきだけ、しめじを置く。こんがりとするまで両面を色よく焼く。
4. 3の油をふき、1に漬ける。冷まして密閉容器に入れる。

たらは皮のほうからこんがりと焼き、余分な油を取り除く。

器に盛り、おろししょうがを添える。

めかじきのケイパーマリネ

食べごろ 1時間後〜
日もち 3〜4日

さっぱりとした塩味のマリネ液に、ケイパーのほどよい酸味がよく合います。ペコロスの代わりに、玉ねぎや紫玉ねぎでもOK。

材料：作りやすい分量・約4人分

- めかじき（切り身）…3〜4切れ（300g）
- ペコロス（5mm幅の輪切り）…100g
- A 塩…小さじ½
  - こしょう…少々
- B ケイパー、白ワインビネガー、オリーブ油…各大さじ1
  - 塩…小さじ⅓
  - こしょう…少々
- 小麦粉…適量
- サラダ油…大さじ1

1. めかじきは水気をふいて2cm幅に切り、Aをふって20分おく。
2. ボウルにBを混ぜる。
3. 耐熱皿にペコロスを入れ、ふんわりとラップをかぶせて電子レンジで1分加熱する。水気をふき、2に漬ける。
4. 1の水気をふいて小麦粉をまぶす。
5. フライパンにサラダ油を中火で熱し、4を入れて両面を色よく焼く。油をふいて3に漬ける。冷まして密閉容器に入れる。

めかじきは塩をふって20分おいて水分を抜き、うまみをアップさせる。

トマトの輪切りを敷いた器に盛る。

ゆでえびのナンプラーマリネ

食べごろ 1時間後〜
日もち 2〜3日

ピリッとした辛み、ほどよい酸味、
ごま油のコクがきいたエスニック風の一品。
ゆでたそうめんや春雨にからめても、おいしい。

材料：作りやすい分量・4〜5人分
小えび（無頭・殻つき）
　…28〜30尾（280g）
セロリ…1本（100g）
セロリの葉…適量
紫玉ねぎ…½個（100g）
A 赤とうがらし（小口切り）
　…1〜2本分
　ナンプラー、レモン汁、
　　ごま油…各大さじ1〜1強
　砂糖…大さじ½
B レモン（国産・輪切り）…½個分
　水…2カップ
　酒…大さじ2
　塩…小さじ½

1 セロリは筋を取って5cm長さに切り、縦に薄切りにする。紫玉ねぎは縦に薄切りにする。
2 ボウルにAを混ぜ、紫玉ねぎ、セロリの順に加えて混ぜる。
3 えびは背わたを取り、尾の先を切り落とす。かたくり粉大さじ1（分量外）をからめて洗い、水気をきる。
4 なべにBを入れて強めの中火にかける。煮立ったら3を入れ、中火で2〜3分ゆでる。ゆで汁½カップを取り分ける。
5 4の水気をきって2とは別のボウルに入れ、ゆで汁をかけて冷まし、殻をむく。2に加えて混ぜ、密閉容器に入れてセロリの葉を添える。

帆立とにんじんのパクチーマリネ

食べごろ 20分後〜
日もち 2〜3日

新鮮で大ぶりな帆立が手に入ったら、ぜひ作ってください。
シンプルな味つけで素材の味を引き立てます。
パクチーの香りがアクセント。

材料：作りやすい分量・4〜5人分
帆立貝柱（刺身用の新鮮なもの）…300g
にんじん…小1本（100g）
パクチーの茎（みじん切り）…3株分
A ごま油…大さじ2
　酢…大さじ1
　塩、砂糖…各小さじ½
　こしょう…少々

1 にんじんは斜め薄切りにしてからせん切りにする。
2 帆立は塩少々（分量外）を入れた熱湯で30秒ほどゆでる。氷水にとって冷まし、水気をふいて厚みを3等分に切る。
3 ボウルにAを混ぜ、1、2、パクチーの茎を加えて混ぜ、密閉容器に入れる。

器に盛り、ミント、パクチーの葉を添える。

食べごろ
作ってすぐ〜

日もち
4〜5日

焼きえびのピリ辛ケチャップ

えびは背に切込みを入れて味をからませやすく。
さらりとしたえびチリ風のおいしさは大人気の味。
お弁当のおかずにもおすすめです。

材料：作りやすい分量・4〜5人分

小えび(無頭・殻つき)…28〜30尾(280g)
パプリカ(赤・一口大)…1個分(120g)
A 塩…小さじ1/3
　こしょう…少々
　酒、かたくり粉…各大さじ1
サラダ油…大さじ3
B 長ねぎ(みじん切り)…10cm分
　しょうが、にんにく(各みじん切り)
　　…1かけ分
　豆板醤…小さじ1
C 水…2/3カップ
　トマトケチャップ…大さじ4
　砂糖…大さじ1 1/3
　酒、酢、しょうゆ…各小さじ2
　鶏ガラスープのもと(顆粒)…少々

1 えびは背に切込みを入れて背わたを取り、尾の先を切り落とす。かたくり粉大さじ1(分量外)をからめて洗い、水気をふく。ボウルに入れ、**A**を順にからめる。

2 サラダ油大さじ1を中火で熱し、**B**をいためる。香りが立ったら、**C**を加える。煮立ったら弱火にし、1〜2分煮て別のボウルに移す。

3 フライパンにサラダ油大さじ1を中火で熱し、パプリカを入れる。ふたをしてしんなりとするまで焼き、油をふいて**2**に漬ける。

4 フライパンにサラダ油大さじ1を中火で熱し、えびを入れて両面を焼いて火を通し、**3**に漬ける。温かいうちに食べてもいい。冷まして密閉容器に入れる。

えびが熱いうちに漬け汁に加えると、味が早くなじむ。

蒸しいかと豆もやしの中国風マリネ

にんにく、ごま油をきかせてパンチのある味に。やわらかないか、しゃきしゃきの豆もやしのコントラストが新鮮です。

食べごろ 15分後〜
日もち 2〜3日

材料：作りやすい分量・3〜4人分

するめいか…小2はい（400g）
豆もやし…1袋（200g）
万能ねぎ（3cm長さ）…4本分
A しょうが（みじん切り）…1かけ分
  にんにく（みじん切り）…小½かけ分
  しょうゆ…大さじ1½
  酢、ごま油、みりん…各大さじ1

1 いかは足を抜いてわたを取る。足は先端を切って、食べやすく切り分ける。

2 なべに水3カップ（分量外）を入れて強めの中火にかける。煮立ったら、塩小さじ1（分量外）、豆もやしを入れ、ふたをして3分ほどゆで、ざるに取り出して冷ます。

3 2のなべに酒大さじ2（分量外）を入れ、1を加えて上下を返し、1分ほどゆでる。ざるに上げて冷まし、胴は8mm幅に切る。

4 ボウルにAを混ぜ、3、2、万能ねぎの順に加えて混ぜ、密閉容器に入れる。

いかと野菜のライム漬け

ライムのさわやかな酸味をきかせた、マリネ風の一品。食べるときに、こしょうや一味とうがらしをピリッときかせてもおいしい。

食べごろ 15分後〜
日もち 2〜3日

材料：作りやすい分量・4〜5人分

やりいか…小5はい（400g）
玉ねぎ（横に薄切り）…½個分（100g）
パプリカ（赤・薄い輪切り）…½個分（60g）
きゅうり（薄い輪切り）…½本分（50g）
ライム（皮を取って薄い半月切り）…½個分
A ライムのしぼり汁…½個分
  オリーブ油（またはえごま油）
    …大さじ1
  塩、砂糖、こしょう…各少々

1 いかは足を抜いてわたを取る。足は先端を切って、食べやすく切り分ける。

2 なべに水3カップ（分量外）を入れて強めの中火にかける。煮立ったら、酒大さじ2、塩小さじ1（各分量外）、1を入れてさっとゆで、ざるに上げて冷ます。胴は3cm幅に切る。

3 ボウルに玉ねぎ、パプリカ、きゅうりを入れて塩小さじ⅓（分量外）をふってもみ、しんなりとしたら洗って水気をふく。

4 ボウルにAを混ぜ、2、3、ライムを加えて混ぜ、密閉容器に入れる。

たこの酢漬け

食べごろ 1日後～
日もち 5～6日

手作りの酢だこなら、味が濃すぎず、マイルドに仕上がります。ゆでだこを保存するときにおすすめ。サラダやあえ物などに加えても。

材料：作りやすい分量・4～5人分
- ゆでだこの足…300g
- A 水、酢…各¾カップ
-   砂糖…大さじ4
-   塩…小さじ½

1. たこは足を切り分け、ボウルに入れる。
2. なべにAを混ぜて強めの中火にかけ、煮立ったら1に加える。冷まして密閉容器に入れる。

煮立ったアツアツの甘酢を加えて、味をしみ込ませる。

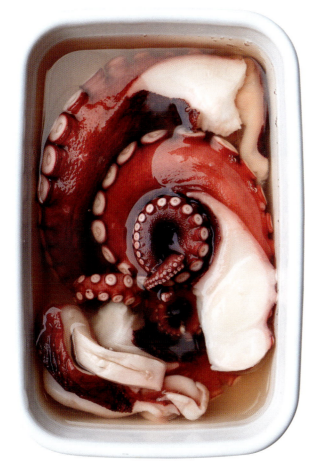

→ たこのカルパッチョ
たこを薄切りにして盛り、オリーブ油、粗びき黒こしょうをふる。バジル、チコリ、トレビスなどを添える。

→ たこのラー油＋シークワーサーかけ
器に盛り、食べるラー油、シークワーサーのしぼり汁をかける。

卵で

食べごろ
半日後〜

日もち
4〜5日

ゆで卵、ペコロス、セロリの
カレーピクルス

カレー粉の風味をしっかりとつけて、色合いもぐっときれいに。
アレンジのポテトサラダのために、ピクルスが作りたくなるほど美味。

材料：作りやすい分量・約4人分

卵 … 4個
ペコロス … 150g
セロリ … 1本（100g）
A　ローリエ … 1枚
　　水、白ワインビネガー（または酢）
　　　… 各¾カップ
　　砂糖 … 大さじ3
　　カレー粉、塩 … 各小さじ1

ペコロスの中まで味がつくように、5mm深さほどの切り目を入れる。

漬け汁は一度煮立て、アツアツにすること。

1 なべに卵、かぶるくらいの水（分量外）を入れて中火にかける。煮立ったら弱火にし、10分ほどゆでる。冷水にとって冷まし、殻をむく。

2 ペコロスは根元に十文字の切込みを入れ、耐熱ボウルに入れてふんわりとラップをかぶせ、電子レンジで2〜2分30秒加熱する。水気をきる。

3 セロリは筋を取り除き、横に2cm幅に切る。

4 ボウルに**1**、**2**、**3**を入れる。

5 ステンレス製のなべにAを混ぜ、強めの中火にかける。煮立ったら**4**に加える。冷まして密閉瓶に入れる。

→ ポテトとピクルスの
カレーサラダ

[4人分] **1** じゃがいも3個（400g）は皮をむき、4等分に切って水にさらす。

2 なべに**1**、かぶるくらいの水を入れて中火にかけ、煮立ったら15分ほどゆでる。水気をきってじゃがいもをなべに戻し、カレーピクルスの漬け汁大さじ3を加えて再び中火にかけて汁気を飛ばす。ボウルに移して冷ます。

3 カレーピクルスのゆで卵2個は大きく刻み、ペコロス、セロリ各40gは粗く切る。

4 **2**に**3**、オリーブ油、マヨネーズ各大さじ1、塩少々を入れて混ぜ、器に盛る。トレビス適量を添え、パセリのみじん切り少々をふる。

38 • 卵で

食べごろ 半日後〜
日もち 4〜5日

ゆで卵の ウスターソース漬け

スパイシーで奥深い味わいは、
ウスターソースならでは。
そのままおつまみに、つぶして
マヨネーズであえてサンドイッチにも。

材料：作りやすい分量・6人分

ゆで卵 (p.37 参照) … 6個
A みりん … 小さじ2
　ウスターソース … 大さじ4

ゆで卵は殻をむいて保存袋に入れ、A を加える。

食べごろ 半日後〜
日もち 5〜6日

ゆで卵の みそ甘麹漬け

濃厚でまったりとした味わいが
楽しめます。つぶしてきゅうりなどの
生野菜とあえてもおいしい。

材料：作りやすい分量・6人分

ゆで卵 (p.37 参照) … 6個
A みそ … 大さじ3
　麹の甘酒 (ストレートタイプ) … 90ml

ゆで卵は殻をむいて保存袋に入れ、A を加える。

→ **卵とアボカドのマヨグラタン**

[2人分] ❶ゆで卵のウスターソース漬け1個はざく切りにする。アボカド1個は縦半分に切り、種を取って皮をむき、一口大に切る。
❷ボウルに❶、マヨネーズ大さじ1、粗びき黒こしょう少々を混ぜ、アボカドのケースに詰めてピザ用チーズ適量をのせる。
❸アルミホイルにしわを寄せて天板に敷き、❷をのせてオーブントースターで5〜7分焼く。

食べごろ 半日後〜
日もち 6〜7日

半熟卵のめんつゆ漬け

日がたつと卵の黄身がとろりとして、うまみがぎゅっと凝縮。
煮汁に卵と青菜やわかめを入れて、
さっと煮るのもおすすめです。

材料：作りやすい分量・8〜10人分

卵 … 8〜10個
A めんつゆ (3倍濃縮タイプ)、水
　… 各1カップ*

*薄味がよいときは、めんつゆ2/3カップ、水
1 1/3カップにしてもいい。

半熟卵を作るときは、
氷水につけて一気に
冷ますのがコツ。

❶なべにAを入れ、強めの中火にかける。煮立ったら、ボウルに移して冷ます。
❷卵は室温にもどし、丸い先端に針などで穴をあける。
❸なべに卵がかぶるくらいの熱湯を沸かし、❷を入れる。ゆではじめはかるく転がしながら混ぜ、6分ほどゆでる。氷水にとって冷まして、殻をむく。
❹保存袋に❶、❸を入れる。

→ **半熟卵丼**

温かいご飯に万能ねぎの小口切りを散らし、半熟卵の
めんつゆ漬けをのせて漬け汁をふる。

大豆製品で

栃尾揚げと小松菜の煮びたし

ふんわりと厚みのある栃尾揚げに、たっぷりとおだしを含ませて。栃尾揚げの代りに油揚げや厚揚げを使っても。

材料：作りやすい分量・4〜5人分
栃尾揚げ…1枚 (150g)
小松菜…小2束 (400g)
A だし汁…3カップ
　しょうゆ…大さじ1
　うす口しょうゆ…大さじ2
　みりん、酒…各大さじ3
　砂糖…小さじ1
　塩…小さじ¼

1. 栃尾揚げは熱湯をかけて粗熱を取り、2〜3cm四方に切る。
2. 小松菜は根元に十文字の切り目を入れ、4cm長さに切る。
3. なべにAを混ぜ、1を加えて強めの中火にかける。煮立ったらふたをして弱火で5分ほど煮る。
4. 3を強めの中火にし、2の茎、葉の順に加えてさっと煮る。温かいうちに食べてもいい。ボウル2個に具と煮汁に分けて冷ます。密閉容器に具と煮汁を入れる。

食べごろ 作ってすぐ〜
日もち 3〜4日

厚揚げ、まいたけ、さつまいもの煮びたし

作りおきにしても味が薄くならず、どんどんうまみが増します。さつまいもが安価でおいしい、秋〜冬の時期がおすすめ。

材料：作りやすい分量・約4人分
厚揚げ…1枚 (250g)
まいたけ (白)…1パック (100g)
さつまいも…小2本 (200g)
だし汁…2カップ
A しょうゆ、砂糖、酒
　　…各大さじ1
　塩…小さじ⅓

1. 厚揚げは熱湯をかけて粗熱を取り、1cm幅に切る。
2. まいたけは一口大にほぐす。さつまいもは1cm幅の輪切りにし、水に2〜3分さらして水気をきる。
3. なべに1、さつまいも、だし汁を入れて強めの中火にかける。煮立ったらAを加え、ふたをして弱めの中火で5分ほど煮る。
4. 3にまいたけを加えてさらに5分ほど煮てボウルに移す。冷まして密閉容器に入れる。

食べごろ 1時間後〜
日もち 3〜4日

煮びたしのがんもどきを半分に切って大根と盛り合わせ、七味とうがらしをふる。

がんもと大根の煮びたし

大根はごく薄切りにして
味をしみ込みやすくします。
大根によって煮上がる時間が異なるので、
様子を見ながら煮てください。

材料：作りやすい分量・約4人分

がんもどき … 大4個 (300g)
大根 … 小½本 (400g)
A だし汁 … 3カップ
　酒 … 大さじ3
　砂糖、しょうゆ … 各大さじ1
　塩 … 小さじ⅔
削りがつお（だしパックに入れる）… 10g

1 がんもどきは熱湯でさっとゆで、水気をきる。
2 大根は皮をむいて半月切りにする。
3 なべにAを混ぜ、2、1の順に重ね、強めの中火にかける。煮立ったら削りがつおをのせ、落しぶたとふたをして弱火で6〜10分煮る。温かいまま食べてもいい。だしパックを取り除き、ボウルに移して冷まし、密閉容器に入れる。

油揚げと水菜の煮びたし

老若男女、誰にでも喜ばれる
定番の和食おかず。
やさしい味わいの煮汁ごと
たっぷりといただきましょう。

材料：作りやすい分量・3〜4人分

油揚げ … 小2枚 (60g)
水菜 … 1束 (200g)
A だし汁 … 1½カップ
　うす口しょうゆ、酒、みりん
　　… 各大さじ1½

1 油揚げは熱湯をかけて粗熱を取り、5mm幅に切る。
2 水菜は4〜5cm長さに切る。
3 なべにAを混ぜ、1を加えて強めの中火にかける。煮立ったらふたをして弱火で2〜3分煮る。
4 3を強めの中火にし、2の茎、葉の順に加えて上下を返し、さっと煮る。温かいうちに食べてもいい。具と煮汁に分けて冷ます。密閉容器に具と煮汁を入れる。

油揚げに味がついたら、水菜のかたい茎の部分から加えて火を通す。

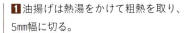

食べごろ 作ってすぐ〜
日もち 3〜4日

食べごろ 作ってすぐ〜
日もち 2〜3日

食べごろ
作ってすぐ〜
日もち
4〜5日

材料：作りやすい分量・3〜4人分
大豆（ドライパック）…200g
ごぼう…½本（50g）
にんじん…小½本（50g）
A 昆布（5cm四方）…1枚
　だし汁…1カップ
　うす口しょうゆ、みりん、酒
　　…各大さじ2
　酢…大さじ1

大豆と根菜のしょうゆ漬け

あっさりとしていてやさしい五目豆風の味わいです。
酢を加えているので、おいしさも長もちします。

1 ごぼうは皮をこそげ、四つ割りにして3mm幅に切り、水にさっとさらして水気をきる。
2 にんじんは皮をむき、8mm角に切る。
3 なべに水1½カップ（分量外）を入れて強めの中火にかけ、煮立ったら塩小さじ½（分量外）、**1**を入れて3分、**2**を加えて2〜3分ゆでる。ざるに上げて水気をきる。ボウルに移し、大豆を加える。
4 なべにAを混ぜ、強めの中火にかける。煮立ったら**3**に加える。冷まして密閉容器に入れる。

具に漬け汁を加えたら、昆布を加えたまましっかりと冷まして。

➔ **大豆と根菜の炊込みご飯**

[3〜4人分] **1** 米2合は洗って水気をきり、炊飯器の内釜に入れる。大豆と根菜のしょうゆ漬けの漬け汁1カップ、酒大さじ2を加え、2合の目盛りまで水適量を加え、30分おく。
2 1に焼きちくわ（粗みじん切り）70gを加えて普通に炊く。大豆と根菜のしょうゆ漬けの具（昆布は1cm四方に切る）120gを加えて混ぜる。

食べごろ
10分後〜
日もち
3〜4日

ミックスビーンズが熱いうちにドレッシングを加え、よく冷まして、味をなじませる。

材料：作りやすい分量・4〜5人分
ミックスビーンズ（ドライパック）
　…150g
セロリ…½本（50g）
モッツァレッラチーズ
　（小さく切ったもの）…50g
A 玉ねぎ（すりおろし）…大さじ1
　オリーブ油…大さじ2
　白ワインビネガー（または酢）
　　…大さじ2
　カレー粉、塩…各小さじ½

ミックスビーンズの
カレードレッシング

カレー粉、おろし玉ねぎを加えた
特製のドレッシングがおいしさの秘訣。
チーズを加えて、コクのある味わいに仕上げました。

1 セロリは筋を取り、粗みじん切りにする。チーズは水気をふく。
2 ボウルに A を混ぜる。
3 耐熱ボウルにミックスビーンズを入れ、ふんわりとラップをかぶせて電子レンジで1分ほど加熱する。
4 3 に 2 をかけて冷ます。1 を加えて混ぜ、密閉容器に入れる。

器に盛り、レタスなどの葉野菜を添える。

→ **ミックスビーンズの
　ラップサンド**

[2人分] 1 トルティーヤの皮2枚はかるくトーストし、1枚ずつラップにのせる。
2 1 にマヨネーズ適量を細く全体に絞り出し、レタス2枚を敷いて手前に紫キャベツのせん切り50g分、汁気をきったミックスビーンズのカレードレッシング大さじ6を等分にのせる。
3 端からくるくると巻いてラップでぴっちりと包み、半分に切る。

野菜で

食べごろ
作ってすぐ～
日もち
5～7日

春夏ピクルス

生で食べられる野菜に
熱い漬け汁をかけるだけ。
みょうが、新しょうが、うど、
きゅうりなどでも
おいしく作れます。

材料：作りやすい分量・8～10人分

紫玉ねぎ、ズッキーニ、パプリカ（赤、
　黄）、セロリ…合わせて 500～600g
A ローリエ…1～2枚
　粒こしょう（ミックス）…小さじ ½
　水、白ワインビネガー（または酢）
　　…各1カップ
　砂糖…大さじ 3～4
　塩…小さじ 1

1 紫玉ねぎは細めのくし形切りにする。ズッキーニは 6cm 長さの六つ割りにする。パプリカは縦に 1cm 幅に切る。セロリは筋を取り、6cm 長さ、1cm 幅に切る。合わせてボウルに入れる。

2 なべに A を入れて強めの中火にかけ、煮立ったら **1** に加える。ときどき上下を返し、冷まして、密閉瓶に入れる。

野菜にアツアツに熱した漬け汁をかけて。冷めたら食べて OK。

食べごろ
作ってすぐ～
日もち
5～6日

秋冬ピクルス

きのこから出たうまみがじっくりとしみています。
シックな色合いの野菜を取り合わせて、大人味のピクルスに。

材料：作りやすい分量・8～10人分

生しいたけ、しめじ、カリフラワー、
　かぶ、蓮根…合わせて約 600g
A ローリエ…1～2枚
　赤とうがらし（あれば生）…1～3本
　水、酢…各1カップ
　砂糖、酒…各大さじ 4
　塩…小さじ 1 強

1 しいたけは石づきを切り、四つ割りにする。しめじは石づきを切ってほぐす。

2 カリフラワーは小房に分ける。かぶは皮をつけたままくし形切りにする。蓮根は皮をむいて細長く切り、熱湯で 2～3 分ゆでて水気をきる。

3 ボウルに **2** を入れる。

4 なべに A を混ぜ、**1** を加えて強めの中火にかける。煮立ったらふたをして弱火で 1 分ほど煮て **3** に加える。冷まして密閉瓶に入れる。

きのこのうまみ、香りを漬け汁に移す。

山形風だし

オリーブ油を加えて、コクとまろやかさをプラスしました。納豆や豆腐、あったかご飯にのせてどうぞ。

材料：作りやすい分量・約4人分

オクラ…6本
きゅうり…1本
青じそ…1束（10枚）
みょうが…4個
A　しょうゆ…大さじ1½
　　みりん、オリーブ油（またはえごま油）、
　　　酢…各大さじ½
　　一味とうがらし…少々

① オクラは塩少々（分量外）をまぶして洗い、薄い小口切りにする。きゅうり、青じそは粗みじん切りにする。みょうがは四つ割りにして5mm幅に切る。
② ボウルに①を入れ、塩小さじ¼（分量外）をふってもむ。10分ほどおき、水気をふく。
③ ボウルにAを混ぜ、②を加えて混ぜ、密閉容器に入れる。

ズッキーニとちくわのわさび漬け

ちくわ独特のうまみ、食感が楽しい、おいしい。塩もみをしたズッキーニとよく合います。

食べごろ　作ってすぐ〜
日もち　2〜3日

材料：作りやすい分量・約4人分

ズッキーニ（薄い輪切り）…2本分（400g）
ちくわ（薄い輪切り）…小2本分（60g）
おろしわさび…適量
A　水、酒、白だし
　　…各大さじ1½〜2

① 耐熱ボウルにAを混ぜ、電子レンジで40秒〜1分加熱して冷まし、わさびを加えて混ぜる。
② ズッキーニは塩小さじ½（分量外）をふってもみ、洗って水気をふく。
③ 密閉容器に②、ちくわを入れて①を加える。

みょうがの甘酢漬け

焼き魚などのつけ合せにぴったり。食卓がパッと華やかになります。

材料：作りやすい分量・約6人分

みょうが（縦半分）…15〜20個分（200g）
A　酢…1カップ
　　水…½カップ
　　砂糖…60g
　　塩…小さじ¾

① なべにAを混ぜ、強めの中火にかけ、煮立ったらボウルに移して冷ます。
② なべに水3カップ（分量外）を入れて強めの中火にかけ、煮立ったら塩小さじ2（分量外）、みょうがの半量を入れてさっとゆで、ざるに広げて冷まし、水気をふく。残りも同様にゆでる。
③ 密閉容器に②を入れて①を加える。

ミックストマトのだしびたし

皮を湯むきしてから漬けるので、だしのおいしさがギュッとしみています。

材料：作りやすい分量・4〜6人分

ミニトマト（いろいろなもの）…400g
A　だし汁…1カップ
　　うす口しょうゆ、酒…各大さじ1
　　塩…少々

① なべにAを混ぜ、強めの中火にかけ、煮立ったらボウルに移して冷ます。
② ミニトマトはへたを取り、竹串で穴をあけて熱湯にくぐらせる。冷水にとって皮をむき、水気をきる。
③ 密閉容器に②を入れて①を加える。

食べごろ　10分後〜
日もち　3〜4日

竹串で4〜5か所穴をあけると、皮がするりとむけやすい。

食べごろ　半日後〜
日もち　6〜7日

食べごろ　2時間後〜
日もち　3〜4日

食べごろ 1日後〜
日もち 5〜6日

きゅうりの香味昆布漬け

薄味だから、漬物代わりにぽりぽりたっぷりいただきましょう。食べやすく切って盛りつけて。

材料：作りやすい分量・6〜8人分

きゅうり…6本（600g）
しょうが、にんにく（各薄切り）
　…各1かけ分
昆布（5×5cm）…1枚
A 水…3カップ
　塩…大さじ1½
　酢、はちみつ…各大さじ1
　一味とうがらし…適量

1 なべにAを混ぜ、強めの中火にかけ、煮立ったらボウルに移して冷ます。
2 きゅうりは縦にところどころ皮をむき、長さを半分に切ってボウルに入れる。
3 2に1、しょうが、にんにく、昆布を加えて室温に2時間おき、密閉容器に入れる。

| 酢キャベツ
作り方は p.50 参照

食べごろ
半日後〜
日もち
10〜14日

| トマトのキムチ漬け
作り方は p.50 参照

食べごろ
半日後〜
日もち
3〜4日

器に酢キャベツを盛り、白すりごまをかける。オリーブ油やごま油をかけても。

→ 酢キャベツとソーセージのソテー
作り方は p.50 参照

いろいろ野菜の
トマトジュース漬け
作り方は p.51 参照

食べごろ
10 分後〜
日もち
2〜3日

冬瓜の煮びたし
作り方は p.51 参照

食べごろ
1 日後〜
日もち
5〜6日

→ そうめんカペッリーニ
作り方は p.51 参照

器に盛り、しょうがのせん切りを添える。

49

酢キャベツ

食べごろ 半日後〜
日もち 10〜14日

日もちもするので、一年を通して大活躍。
4〜5日までは生のまま、
それ以降は加熱料理にして楽しみましょう。

材料：作りやすい分量・6〜7人分

キャベツ（または紫キャベツ）
　…½個（500g）
A 酢…大さじ2〜3
　 塩、砂糖…各小さじ1

1. キャベツは四つ割りにして太い芯を取り、厚みを半分にして下部は芯を断ち切るようにせん切りにする。
2. 保存袋に1、Aを入れてよくもみ、10分ほどおく。上下を返して袋を閉じる。1日1回、上下を返す。

→ 酢キャベツとソーセージのソテー

[3人分] 1. フライパンにオリーブ油大さじ1を中火で熱し、粗びきウィンナー大3本（150g）を入れて両面を焼く。
2. フライパンのあいているところに酢キャベツ250g、ローリエを入れてさっといため、酒（または白ワイン）大さじ2をふり、ふたをして弱火で3分ほど蒸焼きにする。
3. 2に粗びき黒こしょう少々をふり、器に盛って粒マスタード少々を添える。

少ない調味料のときは、保存袋を使って

酢キャベツなど、使う調味料が少ないときは、密閉容器でなく、ジッパーつきの保存袋が便利です。少量の調味料でも全体に味がよくなじみ、まんべんなく味が行き渡ります。酸化しないように、中の空気をしっかりと抜き、味が偏らないように冷蔵庫内でときどき上下を返すとよいでしょう。

トマトのキムチ漬け

食べごろ 半日後〜
日もち 3〜4日

肉料理のときに添えたい一品。甘酸っぱいトマト、辛みのきいたキムチの組合せが、クセになるおいしさ。

材料：作りやすい分量・4〜5人分

トマト…3個（400〜450g）
白菜キムチ（カット済み）…100g
A 白だし、煮きり酒*…各大さじ1

*電子レンジでラップをせずに加熱し、アルコール分を飛ばす。

1. トマトはへたを取り除き、へたのところに十文字の切り目を入れて熱湯にくぐらせる。冷水にとって皮をむき、水気をきって四つ割りにする。
2. ボウルに1、キムチ、Aを混ぜ、密閉容器に入れる。

いろいろ野菜のトマトジュース漬け

食べごろ 10分後〜
日もち 2〜3日

それぞれの野菜の異なる食感を楽しんでください。
トマトジュースの代りに角切りのトマトを使っても美味。

材料：作りやすい分量・4〜5人分

- ズッキーニ … ½本 (100g)
- なす … 1本 (100g)
- セロリ (筋を取る) … ½本分 (50g)
- 玉ねぎ … ¼個 (50g)
- A おろしにんにく … 少々
  - トマトジュース (無塩) … 1本 (160g)
  - オリーブ油 … 大さじ2
  - 酢 … 小さじ2
  - 塩 … 小さじ⅓
  - 粗びき黒こしょう、タバスコ … 各少々

1. ズッキーニ、なす、セロリ、玉ねぎは5mm角に切る。
2. ボウルに 1 を入れ、水大さじ1、塩小さじ1（各分量外）を加えて10分おく。混ぜて洗い、水気をよく絞る。
3. ボウルに A を混ぜ、2 を加えて混ぜ、密閉容器に入れる。

野菜は水、塩を加えて混ぜ、余分な水分を取ってから味をつける。

→ そうめんカペッリーニ

[2人分] 1 そうめん3束 (150g) は半分に折り、熱湯で袋の表示どおりにゆでる。冷水にとってもみ洗いをし、水気をきって器に盛る。2 いろいろ野菜のトマトジュース漬け200g、めんつゆ（3倍濃縮タイプ）大さじ1を混ぜ、1 にかける。ちぎった青じそ適量を散らす。

冬瓜の煮びたし

食べごろ 1日後〜
日もち 5〜6日

漬け汁のうまみをたっぷりと吸った冬瓜は、
至福のおいしさ。おいしい漬け汁ごといただきましょう。

材料：作りやすい分量・6〜8人分

- 冬瓜 … ¼個 (800g)
- A だし汁 … 3カップ
  - うす口しょうゆ、酒、みりん … 各大さじ2
  - 塩 … 小さじ⅓
- 削りがつお … 10g

1. 冬瓜はわたと種を取り、皮をむいて3×4cmに切る。
2. なべに塩水（塩少々＋たっぷりの水・各分量外）を入れ、1 を加えて強めの中火にかける。煮立ったら弱火にし、5〜8分ゆでる。ざるに上げて洗い、水気をきる。
3. なべに A を混ぜ、1 の皮目を下にして並べ入れる。強めの中火にかけ、煮立ったら弱火にしてだしパックに入れた削りがつおをのせ、15〜18分煮てボウルに移す。冷まして削りがつおを取り除き、密閉容器に入れる。

冬瓜は少し厚めに皮をむく。皮が残っていると、味を含みにくい。

食べごろ 作ってすぐ〜
日もち 5〜6日

食べごろ 作ってすぐ〜
日もち 3〜4日

食べごろ 半日後〜
日もち 4〜5日

いんげんの煮びたし
作り方は p.54 参照

なすとじゃこの煮びたし
作り方は p.54 参照

オクラのだしびたし
作り方は p.54 参照

器にいんげんを盛り、せん切りにしたしょうがをのせる。

斜め半分に切って器に盛る。

食べごろ
半日後〜
日もち
4〜5日

かぼちゃのしょうがびたし
作り方は p.55 参照

食べごろ
半日後〜
日もち
4〜5日

金時草のさっぱりおひたし
作り方は p.55 参照

→ パンプキン豆乳スープ
作り方は p.55 参照

器に盛り、削りがつおをのせる。

いんげんの煮びたし

食べごろ 作ってすぐ～
日もち 5～6日

さっぱりとした甘み、しょうがの香りで最後までおいしい。
アスパラガスやピーマンに代えても、美味。

材料：作りやすい分量・4～5人分

さやいんげん（へたを切る）… 300g
A しょうが（皮なし・薄切り）… 5枚
　だし汁… 2カップ
　みりん… 大さじ2
　しょうゆ… 大さじ1
　塩… 小さじ½
　砂糖… 少々

1. なべにAを混ぜ、強めの中火にかける。煮立ったらいんげんを加える。再び煮立ったら弱火にし、ふたをして6～10分煮る。温かいうちに食べてもいい。
2. いんげんと煮汁に分けて冷まし、密閉容器に入れる。

なすとじゃこの煮びたし

食べごろ 作ってすぐ～
日もち 3～4日

くたくたに煮えたなすに、じゃこのうまみがしっかりとしみています。
味がなじむほど、おいしくなります。

材料：作りやすい分量・約4人分

なす… 大4本（400g）
A だしじゃこ… 10g
　水… 2カップ
B しょうがのしぼり汁… ½かけ分
　酒… 大さじ3
　しょうゆ… 大さじ1½
　砂糖、みりん… 各大さじ1
　塩… 小さじ¼～⅓

1. なすはへたを切って縦半分に切り、斜めに切り目を入れる。塩水（塩少々＋水2カップ・各分量外）に10分つけ、水気をきる。
2. なべにAを入れて強めの中火にかける。煮立ったらあくを取り、Bを加える。再び煮立ったら１を並べ入れ、落しぶたをして10分、返して同様に5分ほど煮る。温かいうちに食べてもいい。ボウルに移して冷まし、密閉容器に入れる。

なすは最初は皮目を下にして、煮汁に1本ずつ入れて。

オクラのだしびたし

食べごろ 半日後～
日もち 4～5日

色鮮やかにゆでたオクラは、目にもごちそう。
スナップえんどうを1分30秒ほどゆでたものも、おすすめです。

材料：作りやすい分量・約4人分

オクラ… 20本
A だし汁… 1½カップ
　うす口しょうゆ、酒… 各大さじ1
　塩… 小さじ¼

1. なべにAを混ぜ、強めの中火にかける。煮立ったらボウルに移して、冷ます。
2. オクラはへたの先を切り、がくを削り取る。塩小さじ1をまぶして洗い、水気をきる。
3. なべに水1ℓ（分量外）を入れて強めの中火にかける。煮立ったら塩小さじ2（分量外）、２を入れて1分ほどゆでて冷まし、水気をふく。
4. 密閉容器に３を入れ、１を加える。

かぼちゃのしょうがびたし

食べごろ 半日後〜
日もち 4〜5日

かぼちゃにほどよく火が入るくらいに煮るのが、コツ。
煮くずれたら、スープにアレンジしましょう。

材料：作りやすい分量・約6人分
かぼちゃ（5mm幅に切る）… 400g
A　おろししょうが… 1〜2かけ分
　　だし汁… 1カップ
　　うす口しょうゆ… 大さじ1½
　　みりん… 大さじ1

1 なべにAを混ぜ、強めの中火にかける。煮立ったら、ボウルに移して冷ます。
2 なべに水2ℓ（分量外）を入れて強めの中火にかける。煮立ったら塩小さじ2（分量外）、かぼちゃを入れて弱めの中火で3〜4分ゆでる。
3 2 をざるに上げて粗熱を取り、1 に加える。冷まして密閉容器に入れる。

→ **パンプキン豆乳スープ**

［1人分］なべにかぼちゃのしょうがびたし150g、漬け汁大さじ4を入れて中火にかけ、かぼちゃをつぶす。豆乳1カップ、水大さじ2を加えて温め、塩、こしょう各少々をふる。

金時草のさっぱりおひたし

食べごろ 半日後〜
日もち 4〜5日

手に入りやすくなった、水前寺菜とも呼ばれる葉野菜。
美しい色合い、しゃきしゃきとした口当り、やさしい苦みがおいしい。

材料：作りやすい分量・4〜5人分
金時草（葉を摘む）… 200g
A　だし汁… 1カップ
　　うす口しょうゆ、みりん
　　　… 各大さじ½
　　酒… 大さじ1
　　塩… 小さじ¼

1 なべにAを混ぜ、強めの中火にかける。煮立ったら、ボウルに移し、冷ます。
2 なべに水1ℓ（分量外）を入れて強めの中火にかけ、煮立ったら塩小さじ2（分量外）、金時草を入れてさっとゆでる。冷水にとって冷まし、水気をしっかりと絞る。
3 密閉容器に 2 を入れ、1 を加える。

夏野菜の揚げびたし
作り方は p.58 参照

焼きアスパラの和風マリネ
作り方は p.58 参照

なすの揚げびたし
作り方は p.58 参照

パプリカの
アンチョビーマリネ
作り方は p.59 参照

万願寺とうがらしの
焼きびたし
作り方は p.59 参照

夏野菜の揚げびたし

食べごろ 10分後〜
日もち 3〜4日

夏バテ予防や食欲がないときにおすすめ。
しっかりとビタミン、エネルギー補給ができます。

材料：作りやすい分量・約6人分

- ピーマン（へたと種を取る）…6個分
- かぼちゃ（一口大）…300g
- オクラ（がくを削る）…6本
- A だし汁…大さじ4
  - ぽん酢しょうゆ…大さじ3
- 揚げ油…適量

1. オクラは塩少々（分量外）をまぶして洗い、水気をふく。包丁の刃先で穴をあける。
2. ボウルにAを混ぜる。
3. 揚げ油を160℃に熱し、かぼちゃを入れて4〜5分からりと揚げ、油をきる。揚げ油を170℃に熱し、オクラを1分、ピーマンを1分30秒ほど揚げ、油をきる。
4. 2に3を加える。冷まして密閉容器に入れる。

焼きアスパラの和風マリネ

食べごろ 作ってすぐ〜
日もち 2〜3日

日もちがしないアスパラは、こんな作りおきにしておくと重宝。
おつまみや、お弁当にどうぞ。

材料：作りやすい分量・約4人分

- グリーンアスパラガス…16本（320g）
- A うす口しょうゆ、みりん、酢…各小さじ1
  - 粗びき黒こしょう…少々
- オリーブ油…大さじ1½
- 塩…小さじ¼

1. グリーンアスパラガスは根元を切り、下から⅓までの皮をむいて半分に切る。
2. ボウルにAを混ぜる。
3. フライパンにオリーブ油を中火で熱し、1を入れて塩をふり、ふたをしてしんなりとするまで両面を2〜3分焼く。
4. 3が熱いうちに2に加え、上下を返す。冷まして密閉容器に入れる。

なすの揚げびたし

食べごろ 半日後〜
日もち 5〜6日

真冬以外なら、やわらかななすが出回ります。
丸ごと揚げて、おいしい漬け汁を含ませて。

材料：作りやすい分量・約8人分

- なす…8本（720g）
- A だし汁…2カップ
  - しょうゆ、みりん…各大さじ3
  - 砂糖、塩…各少々
- 揚げ油…適量

1. なべにAを混ぜ、強めの中火にかける。煮立ったらボウルに移す。
2. なすはへたを切り、縦に5〜6か所切り目を入れる。
3. 揚げ油を170℃に熱し、2を入れて3〜4分揚げる。油をきり、1に漬ける。冷まして密閉容器に入れる。

なすは切り目が開き、しんなりとするまでころがしながら揚げて。

パプリカのアンチョビーマリネ

食べごろ 半日後～
日もち 5～6日

焼いて皮をむいたパプリカは、甘くてやわらか。
にんにく、アンチョビーをきかせてさらにおいしく。

材料：作りやすい分量・5～6人分
- パプリカ（赤、黄）… 各2個（各240g）
- にんにく（薄切り）… ½かけ分
- A アンチョビー（刻む）… 2～3切れ分
- 　白ワインビネガー … 大さじ1½
- 　みりん … 小さじ2
- 　塩 … 小さじ¼
- オリーブ油 … 大さじ3

1. パプリカは縦半分に切り、魚焼きグリルで5～7分皮目を焼く。冷まして皮をむき、縦3等分に切る。
2. ボウルにAを混ぜてオリーブ油を加えて混ぜる。1、にんにくを加え、密閉容器に入れる。

パプリカは焦げるまで焼くこと。そうすると甘みがアップし、皮がむきやすい。

万願寺とうがらしの焼きびたし

食べごろ 1時間後～
日もち 4～5日

こんがりとした焼き目もごちそう。
シンプルな味つけで素材の持ち味を堪能しましょう。

材料：作りやすい分量・4～5人分
- 万願寺とうがらし … 12～14本（400g）
- A だし汁 … 1カップ
- 　しょうゆ … 大さじ2
- 　みりん … 大さじ1

1. なべにAを混ぜ、強めの中火にかける。煮立ったらボウルに移す。
2. 万願寺とうがらしは魚焼きグリルで5～7分両面を焼く。
3. 1に2を加えて冷まし、密閉容器に入れる。

食べごろ
作ってすぐ〜

日もち
3〜4日

ほうれん草のおひたし
作り方は p.62 参照

食べごろ
2日後〜

日もち
6〜7日

ビーツのオニオンドレッシング
作り方は p.62 参照

食べごろ
10分後〜

日もち
4〜5日

ピーラー大根のシンプルマリネ
作り方は p.62 参照

食べごろ
1時間後〜
日もち
5〜6日

蓮根、しめじ、黄菊の甘酢漬け
作り方は p.63 参照

食べごろ
1日後〜
日もち
3〜4日

長芋のわさび漬け
作り方は p.63 参照

食べごろ
作ってすぐ〜
日もち
4〜5日

ブロッコリーのしょうがめんつゆ漬け
作り方は p.63 参照

61

ほうれん草のおひたし

食べごろ 作ってすぐ〜
日もち 3〜4日

繰り返し作る定番の味。おかかを添えて盛りつけても。
数日たったら、バターいためやみそ汁の具にするのもおすすめです。

材料：作りやすい分量・5〜6人分
- ほうれん草…小2束(400g)
- A だし汁…1カップ
-   うす口しょうゆ…小さじ2
-   みりん…小さじ1
-   塩…小さじ1/3

1. なべにAを混ぜ、強めの中火にかける。煮立ったら、ボウルに移して冷ます。
2. ほうれん草は根元に十文字の切り目を入れ、4cm長さに切る。
3. なべに水1.5ℓ（分量外）を入れて強めの中火にかけ、煮立ったら塩大さじ1（分量外）、2 を2〜3回に分けて入れ、30秒ほどゆでる。冷水にとって冷まし、水気を絞る。しょうゆ小さじ1（分量外）をふってさらに汁気を絞り、1 とともに密閉容器に入れる。

ビーツのオニオンドレッシング

食べごろ 2日後〜
日もち 6〜7日

缶詰のビーツより、歯ごたえがあって美味。
食べるときに切り分けて盛ります。
刻んでポテトサラダに加えると、鮮やかなピンク色に。

材料：作りやすい分量・5〜6人分
- ビーツ…2〜3個(500〜600g)
- A 玉ねぎ（すりおろし）…60g
-   酢…90㎖
-   サラダ油…大さじ4
-   はちみつ…大さじ1/2
-   塩…小さじ1・1/2
-   こしょう…少々

1. なべにたっぷりの湯を沸かして塩、酢各少々（各分量外）を入れ、ビーツを加え、ふたをして弱めの中火で30〜40分ゆでる。
2. 1 を水にとって冷まし、皮をむいて水気をふく。半分は1cm幅の輪切り、残りは縦半分に切る。
3. ボウルにAを混ぜる。
4. 密閉容器に 2 を入れて 3 を加える。

早く味がなじむ輪切りは初めのころに、半分に切ったものは後半で食べる。

ピーラー大根のシンプルマリネ

食べごろ 10分後〜
日もち 4〜5日

塩もみした大根をシンプルなドレッシングであえて。
食べるときに、スモークサーモンや
サーモンのマリネとあえて、豪華な一品に。

材料：作りやすい分量・約6人分
- 大根…1/2本(500g)
- A サラダ油…大さじ2
-   白ワインビネガー（または酢）…大さじ2
-   砂糖…小さじ1
-   塩、ミックス粒こしょう…各少々

1. 大根は皮をむき、ピーラーで薄く削る。ボウルに入れて塩小さじ2（分量外）をふってもみ、15分ほどおく。しんなりとしたら洗い、水気を絞る。
2. ボウルにAを混ぜる。
3. 密閉容器に 1 を入れ、2 を加えて混ぜる。

大根に塩をふり、しっかりと全体を手でもみ込んで。

蓮根、しめじ、黄菊の甘酢漬け

食べごろ 1時間後～
日もち 5～6日

甘み、酸味、おだしのきいた漬け汁で上品なおいしさに。
焼き魚や照焼きなどの和食のお供にぴったりです。

材料：作りやすい分量・約6人分

蓮根（5mm幅の輪切り）
　…小2節分（250～300g）
しめじ（石づきを切ってほぐす）
　…小1パック（100g）
黄菊（花びらを摘む）…40g
A　だし汁、酢…各1カップ
　砂糖…大さじ6
　うす口しょうゆ…大さじ1
　塩…小さじ1/3

1. なべにAを混ぜ、強めの中火にかける。煮立ったらボウルに移す。
2. なべに水1ℓ（分量外）を入れて強めの中火で熱し、煮立ったら塩小さじ2（分量外）、しめじを入れて1分ほどゆでる。取り出してざるに上げる。
3. 2のなべに酢大さじ2（分量外）を入れて蓮根を加え、2～3分ゆでて取り出す。同じ湯に黄菊を入れてさっとゆで、冷水にとって冷まし、水気を絞ってほぐす。
4. 1に2、3を漬けて冷まし、密閉容器に入れる。

黄菊は2回に分けてゆでるとスムーズ。

長芋のわさび漬け

食べごろ 1日後～
日もち 3～4日

サクサクの長芋にわさびの辛み、白だしのうまみと塩気がしみています。
日本酒のおつまみや、漬物代わりに。

材料：作りやすい分量・6～8人分

長芋…20cm（400g）
練りわさび…小さじ1/4
A　白だし…大さじ2
　酒、水…各大さじ1
　塩…小さじ1/4

1. 耐熱ボウルにAを混ぜ、電子レンジで40秒ほど加熱する。冷ましてわさびを加え、混ぜる。
2. 長芋は皮をむき、長さを3等分に切って1cm幅の角切りにする。
3. 保存袋に2を入れ、1を加えて口を閉じる。

ブロッコリーのしょうがめんつゆ漬け

食べごろ 作ってすぐ～
日もち 4～5日

市販のめんつゆを使ってお手軽に。
すりおろしたしょうがをたっぷりと加えて、さわやかな口当りに仕上げます。

材料：作りやすい分量・4～5人分

ブロッコリー…大1個（350～400g）
おろししょうが…1～2かけ分
A　水…1½カップ
　めんつゆ（3倍濃縮タイプ）…大さじ3
　酒…大さじ1
　塩…少々

1. 耐熱ボウルにAを混ぜ、電子レンジで2～3分加熱する。冷ましてしょうがを加え、混ぜる。
2. ブロッコリーは小房に分ける。茎は皮をむいて食べやすく切る。
3. なべに水1ℓ（分量外）を強めの中火にかける。煮立ったら塩小さじ2（分量外）、2を加え、弱火で1分30秒ほどゆでる。ざるに上げて粗熱を取り、1に加える。冷まして密閉容器に入れる。

食べごろ 作ってすぐ〜
日もち 4〜5日

いためきのこのピリ辛めんつゆ

きのこはオリーブ油でいためてから漬けるので、うまみがギュッと凝縮されます。
油のうまみが加わり、歯ごたえのよい食感に。

材料：作りやすい分量・5〜6人分
生しいたけ … 6枚
しめじ … 小1パック（100g）
えのきだけ（茶）… 1袋（120g）
オリーブ油 … 大さじ2
A 赤とうがらし（小口切り）… 少々
　めんつゆ（3倍濃縮タイプ）、水
　　… 各大さじ3
　酒 … 大さじ2

1. しいたけは石づきを切って縦半分に切る。しめじは石づきを切ってほぐす。えのきは根元を切り、ほぐす。
2. フライパンにオリーブ油を中火で熱し、1を順に入れていためる。しんなりとしたらAを加え、ふたをして弱火で1〜2分煮る。
3. ボウルに2を移して冷まし、密閉容器に入れる。

きのこは焼きつけるように、全体がこんがりとするまでいためて。

食べごろ 作ってすぐ〜
日もち 4〜5日

大根とじゃこの煮びたし

大根の葉を加えて、彩りも栄養価もアップ。
しみじみとした味わいに、心も体もいやされます。

材料：作りやすい分量・4〜5人分
大根 … 小½本（400g）
大根の葉（やわらかい部分の小口切り）
　… 40g
ちりめんじゃこ … 大さじ3
A 水 … 1½カップ
　酒 … 大さじ3
　みりん、しょうゆ … 各大さじ1
　塩 … 小さじ⅓

1. 大根は皮をむき、薄い輪切りにしてから細切りにする。
2. なべにAを混ぜ、1、ちりめんじゃこを加えて強めの中火にかける。煮立ったらあくを取り、ふたをして弱火で3〜4分煮る。
3. 2に大根葉を加えて同様に2分ほど煮、ボウルに移す。冷まして密閉容器に入れる。

食べごろ 作ってすぐ〜
日もち 3〜4日

白菜と干しえびの煮びたし

干しえびのうまみがスープにじわりとしみた、中国風の味わいです。
好みで、食べるときにごま油や粗びき黒こしょうをふっても。

材料：作りやすい分量・4〜5人分
白菜 … 500g
干しえび … 10g
A しょうが（せん切り）… 1かけ分
　水 … ¼カップ
　酒 … 大さじ2
　鶏ガラスープのもと（顆粒）、塩
　　… 各小さじ½

1. 干しえびはひたひたのぬるま湯（分量外）に20分ほどつけてもどし、殻を取る。
2. 白菜は芯と葉に分け、芯は繊維にそって1cm幅、葉は1.5cm幅に切る。
3. なべに白菜の芯、葉、1（つけ汁ごと）を順に重ね、Aを加えて中火にかける。煮立ったらふたをして5分ほど弱めの中火で煮る。途中、一度上下を返す。
4. ボウルに3を移し、冷まして密閉容器に入れる。

| 食べごろ 作ってすぐ〜 日もち 2〜3日 | 食べごろ 作ってすぐ〜 日もち 4〜5日 | 食べごろ 作ってすぐ〜 日もち 5〜6日 |

焼きまいたけと春菊の だし漬け
作り方は p.68 参照

ごぼうのごま酢みそ漬け
作り方は p.68 参照

焼き蓮根の梅びたし
作り方は p.68 参照

66 ● 野菜で

→ 蓮根としらすの梅ご飯
作り方は p.69 参照

食べごろ
半日後〜

日もち
3〜4日

焼きねぎとエリンギの
塩味マリネ
作り方は p.69 参照

食べごろ
作ってすぐ〜

日もち
4〜5日

焼き大根と
さつま揚げの煮びたし
作り方は p.69 参照

焼きまいたけと春菊のだし漬け

食べごろ　作ってすぐ〜
日もち　2〜3日

まいたけの豊かな香り、春菊のほろ苦さが広がります。
食べるときにゆずのしぼり汁、
ゆずの皮のせん切りを添えて酸味をプラスしても。

材料：作りやすい分量・約4人分
まいたけ (ほぐす) … 1パック (100g)
春菊 (4cm長さ) … 小2束分 (300g)
A だし汁 … ½カップ
　うす口しょうゆ、みりん
　　… 各大さじ1

1. なべにAを入れて、強めの中火にかける。煮立ったらボウルに移して冷ます。
2. まいたけはアルミホイルを敷いた天板にのせ、オーブントースターで5分ほど焼いて冷ます。
3. なべに水1ℓ（分量外）を入れて強めの中火にかけ、煮立ったら塩小さじ2（分量外）、春菊の茎、葉の順に加えてさっとゆでる。冷水にとって冷まし、水気を絞る。うす口しょうゆ小さじ1（分量外）をふってさらに汁気を絞る。
4. 密閉容器に 2、3 を入れて 1 を加える。

ごぼうのごま酢みそ漬け

食べごろ　作ってすぐ〜
日もち　4〜5日

風味のよい甘酸っぱいみそが、
ごぼうのうまみをいっそう引き立てます。
アツアツの白いご飯がついつい進みそう。

材料：作りやすい分量・5〜6人分
ごぼう … 大1本 (200g)
白すりごま … 大さじ2〜3
A だし汁、みそ、砂糖、酢
　　… 各大さじ2
ごま油 … 大さじ1½

1. 耐熱ボウルにAを混ぜ、電子レンジで40秒ほど加熱する。冷ましてすりごまを加えて混ぜる。
2. ごぼうはたわしでこすって水洗いをし、5mm幅の斜め切りにする。さっと水につけ、水気をふく。
3. フライパンにごま油を弱めの中火で熱して 2 を並べ、ふたをして3分ほど両面を蒸焼きにする。しんなりとしたら油をふき、1 に加えて冷まし、密閉容器に入れる。

ふたをして中まで火を通し、ふっくらの歯ごたえに。

材料：作りやすい分量・5〜6人分
蓮根 … 小2節 (300g)
A だし汁 … ¼カップ
　梅肉 … 大さじ1½
　みりん … 大さじ1
　うす口しょうゆ … 小さじ½〜1
オリーブ油 … 大さじ1½

焼き蓮根の梅びたし

食べごろ　作ってすぐ〜
日もち　5〜6日

棒状に切った蓮根は、一味違う楽しい歯ごたえ。
梅の酸味がおいしくからみ、
さっぱりとした仕上りです。

1. 蓮根は皮をむいて5cm長さ、1cm角の棒状に切る。酢水(酢少々、水2カップ・各分量外)に3分ほどさらし、水気をふく。
2. 耐熱ボウルにAを混ぜ、電子レンジで40秒ほど加熱する。
3. フライパンにオリーブ油を弱めの中火で熱し、1 を入れて返しながら4〜5分焼き、2 に加える。冷まして密閉容器に入れる。

焼きねぎとエリンギの塩味マリネ

食べごろ 半日後〜
日もち 3〜4日

こんがり焼き色をつけてうまみを閉じ込めます。
食べるときに食べやすい大きさに切り、
生ハムやハムを添えて、コクをプラスしても。

材料：作りやすい分量・3〜4人分

長ねぎ（太いもの）… 2本
エリンギ… 1パック（100g）
A オリーブ油… 大さじ3
　白ワインビネガー（または酢）
　　… 大さじ1
　はちみつ… 小さじ1
　塩… 小さじ½
　こしょう、溶きがらし… 各少々
オリーブ油… 大さじ½

1 バットにAを混ぜる。
2 長ねぎは皮がかたいときはむき、長さを3等分に切ってオリーブ油をからめる。エリンギは縦半分に切る。
3 グリルパン（またはフライパン）に2を並べ、なべのふたをのせて両面を色よく焼く。しんなりとしたら1に加えて混ぜる。冷まして密閉容器に入れる。

焼き大根とさつま揚げの煮びたし

食べごろ 作ってすぐ〜
日もち 4〜5日

焼いた大根は甘みが出て、おいしいおでんのよう。
食べるときにとろろ昆布をのせると、うまみが加わります。

材料：作りやすい分量・5〜6人分

大根… ½本（500g）
さつま揚げ… 4枚（240g）
サラダ油… 大さじ2
だし汁… 2カップ
A 酒… 大さじ2
　みりん、砂糖、うす口しょうゆ
　　… 各大さじ1
　塩… 小さじ½

1 大根は皮をむき、1.5cm幅の輪切りにする。両面に浅い格子状の切り目を入れる。
2 フライパンにサラダ油を弱めの中火で熱して1を入れ、ふたをして8〜10分両面を焼く。
3 ざるに2を取り出してさつま揚げをのせ、熱湯をかけて粗熱を取り、水気をふく。さつま揚げは半分のそぎ切りにする。
4 なべに大根、さつま揚げの順に重ね、だし汁を加えて中火にかける。煮立ったらあくを取り、Aを加える。ふたをして弱火で5〜10分煮る。ボウルに取り出して冷まし、密閉容器に入れる。

大根は味がしみるよう、1cm幅、5mm深さの切り目を入れる。

→ 蓮根としらすの梅ご飯

[1人分] 1 焼き蓮根の梅びたし40gは粗く刻む。
2 温かいご飯150gに1、しらす干し大さじ2、白いりごま小さじ1、青じそ（粗みじん切り）1枚分を加えて混ぜ、茶碗に盛る。

海藻、乾物で

食べごろ
10分後〜

日もち
2〜3日

ひじきと枝豆の
めんつゆマリネ
作り方は p.72 参照

食べごろ
作ってすぐ〜

日もち
3〜4日

切り昆布と桜えびの
いためびたし
作り方は p.72 参照

食べごろ
半日後〜
日もち
4〜5日
いかにんじん
作り方は p.73 参照

食べごろ
作ってすぐ〜
日もち
3〜4日
わかめとしめじの
白だし漬け
作り方は p.73 参照

ひじきと枝豆のめんつゆマリネ

食べごろ 10分後〜
日もち 2〜3日

こしょうをしっかりときかせると、味にめりはりが出て美味。
ひじきと枝豆の食感の違いを楽しみましょう。

材料：作りやすい分量・4〜5人分
- 芽ひじき（乾燥）… 20g
- 枝豆（さやつき）… 120g *
- A オリーブ油、めんつゆ（3倍濃縮タイプ）、酢 … 各大さじ1
- 粗びき黒こしょう … 適量
- オリーブ油 … 大さじ½
- 塩 … 少々

＊さやつきで250g。

1. 芽ひじきはさっと洗ってたっぷりの水に15分ほどつけてかためにもどし、水気をきる。
2. 枝豆は塩少々（分量外）を入れた熱湯で5分ほどゆで、ざるに上げて冷ます。豆をさやから取り出す。
3. ボウルにAを混ぜる。
4. フライパンにオリーブ油を中火で熱し、1を入れていため、塩をふる。3に加えて冷ます。2を加えて混ぜ、密閉容器に入れる。

ひじきが熱いうちに漬け汁に加え、味をなじませる。

枝豆はひじきが冷めてから加えて。

切り昆布と桜えびのいためびたし

食べごろ 作ってすぐ〜
日もち 3〜4日

ごま油でいためてコクと風味をプラスしました。
桜えびの香りが昆布にしみて、格別のおいしさに。

こんなアレンジをしても

切り昆布の代りにストック素材のわかめや、ひじきを使っても。また漬け汁は市販のめんつゆを使えば、スピーディに作ることができます。桜えびは、ちりめんじゃこや干しえびを使うと、一味違うおいしさに仕上がります。

材料：作りやすい分量・4〜5人分
- 生切り昆布 … 250g
- 桜えび（乾燥）… 5g
- しょうが（せん切り）… 20g
- A しょうゆ、酒 … 各大さじ1½
- みりん … 大さじ½
- こしょう … 少々
- ごま油 … 大さじ1½

1. 切り昆布は洗って水気を絞り、食べやすい長さに切る。
2. 耐熱ボウルにAを混ぜ、電子レンジで40秒ほど加熱する。
3. フライパンにごま油を中火で熱し、しょうが、桜えび、1の順に加えていためる。全体に油が回ったらボウルに移す。
4. 3に2を加えて混ぜ、冷まして密閉容器に入れる。

いかにんじん

食べごろ 半日後〜
日もち 4〜5日

にんじんはゆでずに、さっと熱湯をかけて歯ごたえを残すのがコツ。
するめのうまみと相まってこたえられない味わいに。

材料：作りやすい分量・4〜5人分

するめの胴…1枚 (25g)
にんじん…1本 (150g)
A 酒、しょうゆ…各大さじ1½
　 みりん…小さじ2

1. 耐熱ボウルにAを混ぜ、電子レンジで40秒ほど加熱して冷ます。
2. するめはさっと洗って軟骨を取り、縦半分に切って横にせん切りにする。
3. にんじんは皮をむいて5cm長さの細切りにし、ざるに入れて熱湯をかけ、冷まして水気をふく。
4. 密閉容器に2、3を入れ、1を加える。

するめは繊維を断ち切るように、切ると食べやすい。

わかめとしめじの白だし漬け

食べごろ 作ってすぐ〜
日もち 3〜4日

わかめがしめじの風味を吸ってとびっきりの一品に。
さっぱりとしているので、飽きずにいただけます。

材料：作りやすい分量・4〜5人分

わかめ（塩蔵）…150g＊
しめじ…小1パック (100g)
A 白だし…小さじ2〜3
　 酒…大さじ1

＊もどす前は60〜75g。

1. わかめは洗って2〜3分水につけてかためにもどし、水気を絞る。しめじは石づきを切ってほぐす。
2. 耐熱ボウルにしめじを入れて混ぜたAをふり、わかめをのせる。ふんわりとラップをかぶせて電子レンジで3分ほど加熱する。ときどき混ぜて冷まし、密閉容器に入れる。

きのこは冷蔵庫にあるものでOK

しめじの代りに食べやすくほぐしたえのきだけ、白まいたけ、エリンギを使ってもおいしくできます。白だしがないときは、だし汁＋うす口しょうゆ＋塩で代用しましょう。

ひたし豆
作り方は p.76 参照

食べごろ
1日後〜
日もち
4〜5日

→ 青大豆としょうがの混ぜご飯
作り方は p.76 参照

いり大豆のバルサミコ酢漬け
作り方は p.76 参照

食べごろ
2〜3日後〜
日もち
1か月

オリーブ油をぬり、ローズマリーを散らして
トーストしたバゲットを添えて。

レンズ豆と鶏肉のマリネ
作り方は p.77 参照

食べごろ
作ってすぐ〜
日もち
3〜4日

レタスなどの葉野菜を添えて。

割干し大根と豚肉の煮びたし
作り方は p.77 参照

食べごろ
作ってすぐ〜
日もち
4〜5日

高野豆腐と青菜の煮びたし
作り方は p.77 参照

食べごろ
作ってすぐ〜
日もち
3〜4日

食べごろ 1日後～
日もち 4～5日

ひたし豆

薄味だから、豆のおいしさそのものが楽しめます。
漬け汁に酢を加えて味をキリッと引き締めます。

材料：作りやすい分量・6～8人分
青大豆（乾燥）…200g
A だし汁…1½カップ
　酒…大さじ2
　塩…小さじ1強
　しょうゆ、酢…各小さじ1

1 青大豆はさっと洗い、水4～5カップ（分量外）につけて冷蔵庫で一晩おいてもどす。
2 なべに**1**をもどし汁ごと入れて強めの中火にかける。煮立ったら弱火にし、あくを取りながら20～25分、少しかためにゆでる。ざるに上げて水気をきる。
3 なべにAを混ぜ、強めの中火にかける。煮立ったら**2**を加える。再び煮立ったらボウルに移して冷ます。漬け汁ごと密閉容器に入れる。

→ **青大豆としょうがの混ぜご飯**

[1人分] **1** ひたし豆は汁気をきって大さじ2～3用意する。
2 ボウルに温かいご飯150g、**1**、しょうがのみじん切り½かけ分をさっくりと混ぜ、茶碗に盛る。

食べごろ 2～3日後～
日もち 1か月

いり大豆のバルサミコ酢漬け

やわらかで上品な酸味、風味が魅力。
サラダや焼いた肉や魚料理に添えるのも、おすすめです。

材料：作りやすい分量・約6人分
大豆（乾燥）…1カップ（約150g）
バルサミコ酢…1½～2カップ

1 大豆は洗い、水気をかるくつけたままフライパンに入れ、弱火～弱めの中火で20～25分香ばしくいる。
2 **1**をボウルに移し、バルサミコ酢をかける。冷まして密閉容器に入れる。途中、豆が空気に触れないようにバルサミコ酢を加えるとよい。

大豆は水分をつけたまま、木べらで混ぜながら薄く色づくまでいって。

76 • 海藻、乾物で

レンズ豆と鶏肉のマリネ

食べごろ 作ってすぐ～
日もち 3～4日

マスタードを多めに使うと、豆の甘みがぐっと引き立ちます。
鶏肉の代わりにハムや焼いた豚肉を使っても、美味。

材料：作りやすい分量・約6人分

- レンズ豆（乾燥）…150g
- ゆで鶏むね肉（p.13参照・皮なし）…100g
- 玉ねぎ（みじん切り）…¼個分（50g）
- A 白ワインビネガー、オリーブ油、
    サラダ油…各大さじ1½
    フレンチマスタード…小さじ2
    塩…小さじ½強
    粗びき黒こしょう、砂糖…各少々

1. レンズ豆は洗って水気をきる。
2. 鶏肉は1cm角に切る。玉ねぎはさっと洗い、水気をふく。
3. ボウルに A を混ぜる。
4. なべに水3カップ（分量外）を入れて強めの中火にかける。煮立ったら 1 を入れてあくを取りながら弱火で12～15分少しかためにゆでる。ざるに上げて水気をきり、さらに水気をふいて熱いうちに 3 に加えて冷ます。
5. 4 に 2 を加えて混ぜ、密閉容器に入れる。

割干し大根と豚肉の煮びたし

食べごろ 作ってすぐ～
日もち 4～5日

割干し大根に豚肉のおいしさがギュッと詰まっています。
たっぷりのしょうがを加えてさわやかな口当たりに。

材料：作りやすい分量・5～6人分

- 割干し大根（乾燥）…50g
- 豚もも肉（しゃぶしゃぶ用）…150g
- しょうが（せん切り）…1～2かけ分
- サラダ油…大さじ1
- だし汁…2カップ
- A 酒…大さじ2
    しょうゆ、砂糖、みりん
      …各大さじ1
    塩…小さじ½

1. 割干し大根はさっともみ洗いし、かぶるくらいの水（分量外）につけて30分～1時間おいてもどす。水気をきり、太い部分を縦半分に切って4～5cm長さに切る。
2. なべにサラダ油を中火で熱し、しょうが、1 を入れていためる。全体に油が回ったらだし汁を加える。
3. 煮立ったら豚肉を加え、あくを取る。A を加えて混ぜ、ふたをして弱火で20分ほど煮る。ボウルに移して冷まし、密閉容器に入れる。

高野豆腐と青菜の煮びたし

食べごろ 作ってすぐ～
日もち 3～4日

すっきりとした甘さなので、最後まで飽きずにおいしくいただけます。
青菜は小松菜やクレソンなどでも。

材料：作りやすい分量・4人分

- 高野豆腐（乾燥）…4枚
- ミニ青梗菜…12株（100g）
- A だし汁…3カップ
    うす口しょうゆ、みりん、酒、砂糖
      …各大さじ1
    塩…小さじ¾

1. 高野豆腐はひたひたのぬるま湯（分量外）に5分ほどつけてもどし、水気を絞って半分に切る。
2. なべに A を混ぜ、強めの中火にかける。煮立ったら 1 を加え、ふたをして弱火で10分ほど煮る。
3. 2 に青梗菜を加え、同様に1分30秒煮る。青梗菜を取り出して冷ます。
4. ボウルに高野豆腐と煮汁を移して冷ます。
5. 密閉容器に 3、4 を入れる。

調味した煮汁を煮立ててから、高野豆腐を1枚ずつ入れて。

材料：作りやすい分量・8〜10人分
干ししいたけ（あれば冬菇）…小8枚
にんにく（つぶす）…2〜3かけ分
赤とうがらし（小口切り）…1本分
A 水…¼カップ
　白ワイン…大さじ2
　チキンコンソメ（固形）…¼個
　塩…小さじ¼〜⅓
オリーブ油…120〜150mℓ

食べごろ 1日後〜
日もち 約2週間

干ししいたけのにんにくオイル漬け

干ししいたけのうまみがオイルにぎゅっと凝縮。
パスタのほか、パンにのせてトーストしても、焼きそばに入れてもおいしい。

1 干ししいたけはひたひたの水に2時間ほどつけてもどす。水気を絞って軸を切り、薄切りにする。
2 厚手のなべに1、Aを入れて強めの中火にかける。煮立ったらふたをして弱火で5分煮る。ふたを取って中火にし、汁気がなくなるまで煮る。ボウルに移して冷ます。
3 密閉瓶に2を入れ、にんにく、赤とうがらしを加え、かぶるくらいのオリーブ油を加える。

しいたけは菜箸で混ぜながら、汁気を飛ばすように煮て。

→ しいたけとベーコンのパスタ

[2人分] 1 スパゲッティ150gは塩適量を入れた湯でゆで、かるく水気をきる。ゆで汁少々をとっておく。
2 ベーコン1枚（20g）は1cm幅に切る。
3 ルッコラ1束（50g）は長さを半分に切る。
4 フライパンにオイル漬けのにんにく少々、油大さじ1½を入れて弱火でいため、2、しいたけ50g、赤とうがらし少々をいためる。1のスパゲッティとゆで汁を加えて混ぜ、塩少々で味を調える。器に盛り、3をのせる。

食べごろ 1日後〜
日もち 約2週間

ドライトマトの オイル漬け

トマトは熱湯につけて塩を抜いてまろやかに。
ほどよい酸味、甘みが広がります。
パスタやアヒージョに加えても。

材料：作りやすい分量・8〜10人分
ドライトマト…80g
白ワインビネガー
　（または酢）…大さじ2
A にんにく（みじん切り）
　　…1かけ分
　オレガノ（乾燥）…少々
　タイム…2〜3本
　赤とうがらし（あれば生）…2本
オリーブ油…120〜150mℓ

食べごろ 1日後〜
日もち 約2週間

チーズのオイル漬け

ソフトタイプのチーズが余ったら、
オイルをかけておいしく保存。

白かびチーズやブルーチーズなどを食べやすく切って密閉瓶に入れ、ミックス粒こしょう適量、かぶるくらいのオリーブ油を加える。

1 ドライトマトはさっと洗ってボウルに入れ、熱湯500mℓ（分量外）を加えて5分おく。水気をきってボウルに入れ、白ワインビネガーを加えて混ぜ、冷まして汁気をふく。
2 密閉瓶に1を入れてA、オリーブ油を加える。

密閉瓶に材料を入れたら、材料がかぶるくらいのオリーブ油を加えて。

→ トマトチーズバゲット

[2人分] **1** バゲット20cmは厚みを半分に切り、オイル漬け（どちらでも）の油大さじ2をぬる。ドライトマトのオイル漬けのトマト40g、ハーブ少々をのせる。チーズのオイル漬けの粒こしょう少々を散らしてチーズ50gをのせ、オーブントースターで5分ほど焼く。

今泉久美

いまいずみ・くみ
山梨県生れ。料理研究家、栄養士。女子栄養大学栄養クリニック特別講師。料理本、雑誌、新聞、テレビ、講演会講師など幅広く活躍中。栄養バランス抜群、おいしい、手早くできるレシピにファンが多い。『おいしくて大満足！ 減塩＆低カロリーのダイエット鍋』『「ストウブ」で和食を！ 早く煮えてうまみたっぷり』（共に文化出版局刊）など著書多数。

アートディレクション　昭原修三
デザイン　種田光子
撮影　木村 拓（東京料理写真）
スタイリング　綾部恵美子
校閲　山脇節子
編集　園田聖絵（FOODS FREAKS）、浅井香織（文化出版局）

撮影協力　UTUWA　☎03-6447-0070

浸して漬けて「作りおき」

2018年6月11日　第1刷発行

著　者　今泉久美
発行者　大沼 淳
発行所　学校法人文化学園 文化出版局
　　　　〒151-8524　東京都渋谷区代々木3-22-1
　　　　電話03-3299-2565（編集）
　　　　　　03-3299-2540（営業）
印刷所　凸版印刷株式会社
製本所　大口製本印刷株式会社

©Kumi Imaizumi 2018 Printed in Japan
本書の写真、カット及び内容の無断転載を禁じます。

本書のコピー、スキャン、デジタル化等の無断複製は著作権法上での例外を除き、禁じられています。
本書を代行業者等の第三者に依頼してスキャンやデジタル化することは、
たとえ個人や家庭内での利用でも著作権法違反になります。

文化出版局のホームページ　http://books.bunka.ac.jp/